Basiswortschatz
Business English

Die 2000 wichtigsten Wörter

Patricia McBride

Bisher sind in dieser Reihe erschienen:

- Basiswortschatz Business English
- Basiswortschatz Business Spanisch
- Basiswortschatz Deutsch
- Basiswortschatz Englisch
- Basiswortschatz Französisch
- Basiswortschatz Italienisch
- Basiswortschatz Spanisch

© Compact Verlag GmbH
Baierbrunner Straße 27, 81379 München
Ausgabe 2017

Redaktion: Helga Aichele
Fachkorrektur: Fiona Cain
Produktion: Ute Hausleiter
Titelabbildungen: shutterstock.com: Lisa Kolbasa, Milenna, paulrommer
Gestaltung: Axel Ganguin; satz-studio GmbH
Umschlaggestaltung: red.sign GbR, Stuttgart

ISBN 978-3-8174-1630-1
381741630/1

www.compactverlag.de

Vorwort

Der Basiswortschatz richtet sich an alle, die ihre Englischkenntnisse für den Beruf schnell erweitern oder wieder auffrischen wollen. Ob Besprechungen und Konferenzen, Marketing und Werbung oder Rechnungswesen: In 13 thematisch gegliederten Kapiteln finden Sie den wichtigsten Wortschatz aus allen Bereichen des Business English: Zahlreiche Beispielsätze geben Aufschluss über die korrekte Verwendung der Vokabeln. Passend dazu erläutern Infokästen sprachliche Besonderheiten und landestypische geschäftliche Umgangsformen. Darüber hinaus erfahren Sie, von welchen „falschen Freunden" Sie sich im Englischen nicht täuschen lassen dürfen.

Unterschiede zwischen britischem und amerikanischem Wortschatz sind gekennzeichnet. Verben sind in der Infinitivform ohne „to" angegeben.

Am Ende der Wortschatzkapitel finden Sie übersichtliche Darstellungen zu Maßen und Gewichten, Buchstabieralphabeten sowie Rechtsformen. Ein alphabetisches Register aller englischen und deutschen Stichwörter erleichtert das gezielte Nachschlagen.

Die übersichtliche thematische Gliederung, das handliche Format und die Aussprachehilfen in der internationalen Lautschrift machen diesen Basiswortschatz zu einem praktischen Nachschlagewerk, das Ihnen hilft, sich in allen Situationen des geschäftlichen Lebens zu verständigen und kompetent aufzutreten.

Viel Spaß und Erfolg mit Englisch im Berufsalltag!

Abkürzungsverzeichnis

AE	American English
BE	British English
fam	umgangssprachlich
fig	bildlich
o.s.	oneself
pl	Plural
sb.	somebody
sth.	something

Aussprache

Im Englischen wird kaum ein Wort so ausgesprochen wie es geschrieben wird. Damit Sie sich beim Lernen der Begriffe die englische Aussprache gleich richtig einprägen können, finden Sie die Aussprachehilfe direkt hinter dem Stichwort. Angegeben ist dabei die britische Aussprache in internationaler Lautschrift.

Das Betonungszeichen (') steht jeweils vor der Silbe, die betont werden muss.

Konsonanten

Baum	b	big		nass, besser	s	sun, cellar
denn	d	day		Schule, Sturm	ʃ	shot
fünf, vier	f	fish, photo		Tisch, Sand	t	tap
gut	g	get		Matsch	tʃ	chair
Hemd	h	hat			θ	think
ja, Million	j	yes			ð	that
Kind	k	keep, cat		Weg	v	vote
Lob	l	life			w	wish
mir	m	me		lachen	x	
nein	n	no, knit		sein	z	zoo, is
links, lang	ŋ	hang		Genie	ʒ	pleasure
Post, ab	p	pass		Dschungel	dʒ	edge, jam
Rand	r	road				

Vokale

	ɑː	jar, heart
	æ	back
egal	e	yes
gefallen	ə	above
	ɜː	turn, whirl
ist	ɪ	if
Liebe	iː	be, meet
	ɔː	short, warm
	ɒ	dog
Zug	uː	blue, mood
	ʊ	put, hood, would
	ʌ	run, shove

Doppelvokale

heiß	aɪ	by, buy, lie
Rauch	aʊ	round, now
	eɪ	late, day
	eə	chair, stare
	əʊ	mow, go
	ɪə	near, here
Freude	ɔɪ	joy, boil
	ʊə	sure, pure

6 Inhaltsverzeichnis

1. Unternehmensformen

company ['kʌmpənɪ] Firma, Unternehmen, Gesellschaft
company car ['kʌmpənɪ kɑː] Firmenwagen
firm [fɜːm] Firma, Unternehmen
business ['bɪznɪs] Geschäft, Unternehmen
  Our business is very profitable. Unser Geschäft ist sehr rentabel.
business administration Betriebswirtschaftslehre
[bɪznɪs ədmɪnɪ'streɪʃən]
do business [duː 'bɪznɪs] Geschäfte machen
  We do a lot of business with China. Wir machen viele Geschäfte mit China.

 Es ist manchmal schwierig, zwischen *to do* und *to make* zu unterscheiden. Man sagt *do business,* aber *make an appointment* (einen Termin vereinbaren).
do a job arbeiten, einen Job erledigen
make progress Fortschritte machen

run a business [rʌn ə 'bɪznɪs] ein Geschäft führen
go out of business ein Geschäft aufgeben, Bankrott machen
[gəʊ aʊt əv 'bɪznɪs]
businessman ['bɪznɪsmən] Geschäftsmann, Kaufmann
businesswoman Geschäftsfrau, Kauffrau
['bɪznɪswʊmən]
  She is a very successful Sie ist eine sehr erfolgreiche
  businesswoman. Geschäftsfrau.
corporation [kɔːpə'reɪʃən] Gesellschaft
corporate ['kɔːpərət] Unternehmens..., Firmen...
  Corporate social responsibility has Die soziale Verantwortung von
  become an important topic. Unternehmen ist zu einem wichtigen
  Thema geworden.

enterprise ['entəpraɪz] Unternehmen, Unternehmung
entrepreneur [ɒntrəprə'nɜː] Unternehmer(in)
multinational company multinationales Unternehmen
[mʌltɪ'næʃənl 'kʌmpənɪ]
parent company Muttergesellschaft, Stammhaus
['peərənt 'kʌmpənɪ]

subsidiary [səbˈsɪdɪərɪ]
Tochter…, Neben…, Tochtergesellschaft

We recently sold one of our subsidiaries.
Wir haben kürzlich eine unserer Tochtergesellschaften verkauft.

set up a subsidiary
[set ʌp ə səbˈsɪdɪərɪ]
eine Tochtergesellschaft gründen

wholly-owned subsidiary
[ˈhəʊliəʊnd səbˈsɪdɪərɪ]
hundertprozentige Tochtergesellschaft

holding company
[ˈhəʊldɪŋ ˈkʌmpənɪ]
Dachgesellschaft

private limited company (Ltd.)
[ˈpraɪvət ˈlɪmɪtɪd ˈkʌmpənɪ]
Gesellschaft mit beschränkter Haftung (GmbH)

public limited company (plc) *BE*
[ˈpʌblɪk ˈlɪmɪtɪd ˈkʌmpənɪ],
(stock) corporation *AE*
[ˈstɒk kɔːpəˈreɪʃn]
Aktiengesellschaft (AG)

partnership [ˈpɑːtnəʃɪp]
Partnerschaft, Personengesellschaft

We are involved in partnerships with numerous other firms.
Wir haben Partnerschaften mit zahlreichen anderen Firmen.

limited partnership
[ˈlɪmɪtɪd ˈpɑːtnəʃɪp]
Kommanditgesellschaft (KG)

own [əʊn]
besitzen, haben

owner [ˈəʊnə]
Besitzer(in), Inhaber(in)

co-owner [kəʊˈəʊnə]
Mitinhaber(in)

proprietor [prəˈpraɪətə]
Besitzer(in), Eigentümer(in)

commerce [ˈkɒmɜːs]
Handel

trade [treɪd]
Handel, Gewerbe, handeln

Our firm trades in leather goods.
Unsere Firma handelt in Lederwaren.

trading partner
[ˈtreɪdɪŋ ˈpɑːtnə]
Handelspartner(in)

tradesman [ˈtreɪdzmən]
Händler, Handwerker

customer [ˈkʌstəmə]
Kunde/Kundin

client [ˈklaɪənt]
Kunde/Kundin

 Client und *customer* werden beide mit „Kunde" übersetzt. *Client* wird eher im Dienstleistungsbereich verwendet, z.B. hat ein Rechtsanwalt einen *client*. Der Handel spricht dagegen vom *customer*.

retailer [ˈriːteɪlə]	Einzelhändler(in)
They are a major food retailer.	Sie sind ein großer Lebens-mitteleinzelhändler.
retailing [ˈriːteɪlɪŋ]	Einzelhandel
wholesale [ˈhəʊlseɪl]	Großhandel, Großhandels…
wholesale market	Großmarkt
[ˈhəʊlseɪl ˈmɑːkɪt]	
wholesaler [ˈhəʊlseɪlə]	Großhändler(in), Grossist(in)
industry [ˈɪndəstrɪ]	Industrie
car industry [kɑː ˈɪndəstrɪ]	Automobilindustrie

2. Personal und Abteilungen

personnel [pɜːsəˈnel]	Personal, Belegschaft
She works in the personnel department.	Sie arbeitet in der Personalabteilung.

 Achtung: *Personnel* und *personal* darf man nicht verwechseln. *Personnel* oder *staff* bedeuten „Personal", *personal* dagegen bedeutet „privat, persönlich".
He makes a personal call.   Er führt ein privates Telefonat.

human resources *pl*	Humankapital, Personalabteilung
[ˈhjuːmən rəˈsɔːsɪz]	
staff [stɑːf]	Personal, Mitarbeiter
director [daɪˈrektə]	Leiter(in), Aufsichtsratsmitglied
board of directors	Direktion, Vorstand
[bɔːd əv daɪˈrektəz]	
managing director	Generaldirektor(in), Geschäftsführer(in),
[ˈmænɪdʒɪŋ daɪˈrektə]	Vorstandsvorsitzende(r)
member [ˈmembə]	Mitglied
board member [bɔːd ˈmembə]	Vorstandsmitglied
chair [tʃeə]	Vorsitz, den Vorsitz haben, leiten
The managing director will chair today's meeting.	Der Geschäftsführer wird bei der heutigen Sitzung den Vorsitz haben.
chairman [ˈtʃeəmən]	Vorsitzender

In zusammengesetzten Berufsbezeichnungen (z.B. *policeman, fireman*) wird heutzutage -*man* vermieden, um nicht diskriminierend gegen Frauen zu sein. Stattdessen verwendet man neutrale Bezeichnungen, z.B. *chairperson, police officer* oder *firefighter*.

chairwoman ['tʃeəwʊmən]	Vorsitzende
chairperson of the board	Vorstandsvorsitzende(r)
['tʃeəpɜːsn əv ðə bɔːd]	
supervisory board	Aufsichtsrat
[suːpə'vaɪzərɪ bɔːd]	
German plcs are required	Deutsche AGs müssen einen
to have a supervisory board.	Aufsichtsrat haben.
chairperson of the supervisory	Aufsichtsratsvorsitzende(r)
board ['tʃeəpɜːsn əv ðə	
suːpə'vaɪzərɪ bɔːd]	
executive [ɪg'zekjʊtɪv]	leitende(r) Angestellte(r)
chief executive officer (CEO) *AE*	Generaldirektor(in)
[tʃiːf ɪg'zekjʊtɪv 'ɒfɪsə]	
administration	Verwaltung, Regierung
[ədmɪnɪ'streɪʃən]	
administrator [ədmɪnɪ'streɪtə]	Verwalter(in), Sachbearbeiter(in)
management ['mænɪdʒmənt]	Unternehmensführung,
	(Geschäfts-)Leitung

 Einige zusammengesetzte Substantive mit *management*:
quality management   Qualitätsmanagement
middle management   mittlere Führungsebene
senior management   Führungsstab

manager ['mænɪdʒə]	(Abteilungs-)Leiter(in), Geschäfts-
	führer(in)
managerial [mænə'dʒɪərɪəl]	Führungs…, leitend
department [dɪ'pɑːtmənt]	Abteilung
division [dɪ'vɪʒən]	Abteilung, Geschäftsbereich
be in charge of	zuständig/verantwortlich sein für
[biː ɪn 'tʃɑːdʒ əv]	
be headed by [biː 'hedɪd baɪ]	geleitet werden von

supervisor [ˈsuːpəvaɪzə]
 You will work closely with your supervisor.

Vorgesetzte(r), Leiter(in)
 Sie werden eng mit Ihrem Vorgesetzten zusammenarbeiten.

supervise [ˈsuːpəvaɪz]

beaufsichtigen, überwachen

spokesperson [ˈspəʊkspɜːsn]
 A spokesperson denied the allegations.

Sprecher(in)
 Ein Sprecher bestritt die Vorwürfe.

boss [bɒs]

Chef(in)

deputy [ˈdepjʊtɪ]

Stellvertreter(in)

stand in for [stænd ˈɪn fɔː]

jdn. vertreten

secretary [ˈsekrətrɪ]

Sekretär(in)

 Statt *secretary* wird heute bevorzugt *office manager, office assistant* oder *personal assistant* verwendet. Wenn Sie sagen möchten, dass Sie die Sekretärin von Herrn Müller sind, heißt es: *personal assistant to Mr Müller.*

clerk [klɑːk]

Büroangestellte(r), *AE*: Verkäufer(in)

clerical assistant
[ˈklerɪkl əˈsɪstənt]

Büroangestellte(r)

officer [ˈɒfɪsə]

Beamter/Beamtin

field work [ˈfiːld wɜːk]

Außendienst

marketing [ˈmɑːkɪtɪŋ]
 He works as a marketing assistant.

Marketing, Absatzwirtschaft
 Er arbeitet als Assistent im Marketingbereich.

sales force [ˈseɪlz fɔːs]
 Our sales force is highly motivated.

Vertriebspersonal, Außendienst
 Unsere Vertriebsmitarbeiter sind hoch motiviert.

sales person [ˈseɪlz pɜːsn]

Verkäufer(in)

sales rep [ˈseɪlz rep]

Vertreter(in)

specialist [ˈspeʃəlɪst]

Fachmann/Fachfrau, Spezialist(in)

specialized [ˈspeʃəlaɪzd]

spezialisiert, Fach…

specialize in sth.
[ˈspeʃəlaɪz ɪn ˈsʌmθɪŋ]
 We specialize in American holidays.

sich spezialisieren auf

 Wir spezialisieren uns auf Amerika-Reisen.

consultant [kənˈsʌltənt]

Berater(in), Gutachter(in)

engage a consultant [ɪnˈgeɪdʒ ə kənˈsʌltənt]	einen Berater anheuern
financial consultant [faɪˈnænʃl kənˈsʌltənt]	Finanzberater(in)
management consultant [ˈmænɪdʒmənt kənˈsʌltənt]	Unternehmensberater(in)
advise [ədˈvaɪz]	(be)raten, empfehlen
adviser [ədˈvaɪzə]	Berater(in)
tax adviser [tæks ədˈvaɪzə]	Steuerberater(in)
subordinate [səˈbɔːdɪnət]	Mitarbeiter(in), Untergebene(r)
civil servant [ˈsɪvəl ˈsɜːvənt]	Beamter/Beamtin
engineer [endʒɪˈnɪə]	Ingenieur(in), Techniker(in)

3. Standort

location [ləʊˈkeɪʃən]	Standort, Lage
be located [bi: ləʊˈkeɪtɪd]	sich befinden
Our headquarters are located in the city centre.	Unsere Zentrale befindet sich im Stadtzentrum.
relocate [riːˈləʊˈkeɪt]	den Standort wechseln, umziehen
premises pl [ˈpremɪsɪz]	Grundstück, Gelände, Räumlichkeiten
property [ˈprɒpəti]	Eigentum, (Grund-)Besitz, Eigenschaft
site [saɪt]	Standort, Gelände
industrial site [ɪnˈdʌstrɪəl saɪt]	Industriegelände
headquarters pl [ˈhedkwɔːtəz]	Zentrale, Hauptsitz
Their headquarters are in London.	Ihre Zentrale ist in London.
head office [hed ˈɒfɪs]	Zentrale, Hauptgeschäftsstelle
branch [brɑːntʃ]	Zweig, Niederlassung, Filiale
branch office [brɑːntʃ ˈɒfɪs]	Zweigstelle
open a branch [ˈəʊpən ə brɑːntʃ]	eine Filiale eröffnen
close (down) a branch [ˈkləʊs (ˈdaʊn) ə brɑːntʃ]	eine Filiale schließen
plant [plɑːnt]	Werk, Anlage
facility [fəˈsɪləti]	Einrichtung, Anlage
factory [ˈfæktri]	Fabrik

1. Geschäftsräume

office ['ɒfɪs]	Büro
open-plan office	Großraumbüro
['əupənplæn 'ɒfɪs]	
I work in an open-plan office.	Ich arbeite in einem Großraumbüro.
partition wall [pɑː'tɪʃən wɔːl]	Trennwand
reception [rɪ'sepʃən]	Empfang
conference room	Konferenzraum
['kɒnfərəns ruːm]	
floor [flɔː]	Etage, Stock(werk)

 Bei *floor* muss man zwischen britischem und amerikanischem Englisch unterscheiden, da sich für Briten die erste Etage *(first floor)* eine Etage über dem Erdgeschoss befindet. Für Amerikaner dagegen ist das Erdgeschoss schon *first floor.*

lift *BE* [lɪft], **elevator** *AE* ['eləveɪtə]	Aufzug
staff canteen [stɑːf kæn'tiːn]	Kantine
office storeroom ['ɒfɪs 'stɔːruːm]	Lager(raum) für Büromaterial
office staff ['ɒfɪs stɑːf]	Büropersonal
administrative staff	Verwaltungspersonal
[əd'mɪnɪstrətɪv stɑːf]	
caretaker *BE* ['keəteɪkə]	Hausmeister

 Im britischen Englisch wird Hausmeister normalerweise mit *caretaker* übersetzt. Im Amerikanischen spricht man gewöhnlich vom *janitor.*

office hours *pl* ['ɒfɪs 'auəz]	Geschäftszeit, Öffnungszeiten
hours of business *pl*	Geschäftszeiten
['auəz əv 'bɪznɪs]	

 Hours of business in Großbritannien unterscheiden sich von deutschen Geschäftszeiten. Im Büro arbeitet man von 9 Uhr bis 17 Uhr. Im Durchschnitt arbeiten die Briten länger als andere europäische Länder. Supermärkte haben oft bis Mitternacht geöffnet und auch am Sonntag kann man einkaufen gehen.

2. Büroausstattung

office supplies *pl*
['ɒfɪs sə'plaɪs]
filing cabinet
desk [desk]

Bürobedarf

Aktenschrank
Schreibtisch

 In Zeiten von Teilzeitarbeit, Jobsharing und Gleitzeit teilen sich zwei oder mehr Angestellte den gleichen Arbeitsbereich und Schreibtisch. Dies nennt man *hot desking*.

cupboard ['kʌbəd]
bookcase ['bʊkkeɪs]
chair [tʃeə]
swivel chair ['swɪvl tʃeə]
shelf [ʃelf]
folder ['fəʊldə]
desk lamp ['desk læmp]
stamp [stæmp]
ink-pad ['ɪŋkpæd]
notepad ['nəʊtpæd]
pencil ['pensɪl]
pen [pen]
highlighter ['haɪlaɪtə]
envelope ['envələʊp]
   Do you have any A4 envelopes left?

headed paper ['hedɪd 'peɪpə]
   Please use headed paper for all letters.

paper clip ['peɪpə klɪp]
stapler ['steɪplə]
hole punch ['həʊl pʌntʃ]
photocopier ['fəʊtəʊkɒpɪə]
printer ['prɪntə]
ink cartridge [ɪŋk 'kɑːtrɪdʒ]
shredder ['ʃredə]

Schrank
Bücherregal
Stuhl
Drehstuhl
Regal
Mappe, Ordner, Schnellhefter
Schreibtischlampe
Stempel
Stempelkissen
Notizblock
Bleistift
Kugelschreiber
Textmarker
Briefumschlag
   Haben Sie noch A4 Briefumschläge?

Papier mit Briefkopf
   Bitte verwenden Sie für alle Briefe das Papier mit Briefkopf.

Büroklammer
Hefter
Locher
Kopierer
Drucker
Druckerpatrone
Reißwolf

projector [prə'dʒektə]   Beamer, Projektor

 Achtung: Unter einem *Beamer* versteht man im Englischen umgangssprachlich einen BMW und keinen Projektor. Im Büroalltag sollten Sie
deshalb immer von einem *projector* sprechen.

air conditioning   Klimaanlage
  Please switch on the air conditioning.   Bitte schalten Sie die Klimaanlage an.
radiator ['reɪdɪeɪtə]   Heizkörper
coffee machine ['kɒfɪ mə'ʃiːn]   Kaffeemaschine
kettle [ketl]   Wasserkocher
switch [swɪtʃ]   Schalter
plug [plʌg]   Stecker
socket ['sɒkət]   Steckdose
extension lead [ɪk'stenʃən liːd]   Verlängerungskabel
  Where can I find an extension   Wo finde ich ein Verlängerungskabel?
  lead, please?

3. Computer und Internet

computer [kəm'pjuːtə]   Computer, Rechner
hardware ['hɑːdweə]   Hardware
software ['sɒftweə]   Software
PC [piː'siː]   Personalcomputer (PC)
start up [stɑːt 'ʌp]   den Computer starten
switch on [swɪtʃ 'ɒn]   (den Computer) einschalten
switch off [swɪtʃ 'ɒf]   (den Computer) ausschalten
save sth. [seɪv 'sʌmθɪŋ]   etw. speichern
  Remember to save the data   Vergessen Sie nicht, die Daten
  before switching off the PC.   abzuspeichern, bevor Sie den PC
                                                 ausschalten.

memory ['memərɪ]   Speicherplatz
hard disk ['hɑːd dɪsk]   Festplatte
screen ['skriːn]   Bildschirm, Monitor
monitor ['mɒnɪtə]   Bildschirm, Monitor
mouse [maʊs]   Maus

keyboard ['kiːbɔːd]
Tastatur

The marketing department requires ten new keyboards.
Die Marketingabteilung benötigt zehn neue Tastaturen.

USB stick [juːesˈbiː stɪk]
USB-Stick

drive [draɪv]
Laufwerk

port [pɔːt]
Anschluss

plug [plʌg]
Stecker

plug in [plʌg ˈɪn]
einstecken

charge [tʃɑːdʒ]
(auf)laden

cable [keɪbl]
Kabel

wireless [ˈwaɪələs]
drahtlos

printer [ˈprɪntə]
Drucker

printout [ˈprɪntaʊt]
Ausdruck

mobile device
mobiles Gerät

[ˈməʊbaɪl dɪˈvaɪs]

tablet [ˈtæblət]
Tablet

hardware failure
Maschinenstörung, Ausfall der Hardware

[ˈhɑːdweə ˈfeɪljə]

backup copy [ˈbækʌp ˈkɒpɪ]
Sicherheitskopie

software package
Softwarepaket

[ˈsɒftweə ˈpækɪdʒ]

The software package can be installed by following the instructions.
Das Softwarepaket kann den Anweisungen folgend installiert werden.

compatible [kəmˈpætəbl]
kompatibel

compatibility [kəmpætəˈbɪlɪtɪ]
Kompatibilität, Vereinbarkeit

program [ˈprəʊgræm]
Computerprogramm, programmieren

install a program
ein Programm installieren

[ɪnˈstɔːl ə ˈprəʊgræm]

installation [ɪnstəˈleɪʃən]
Installation

system control
Systemsteuerung

[ˈsɪstəm kənˈtrəʊl]

operating system
Betriebssystem

[ˈɒpəreɪtɪŋ ˈsɪstəm]

account [əˈkaʊnt]
Account, Kundenkonto

command [kəˈmɑːnd]
Befehl

application [æplɪˈkeɪʃən]
Anwendung

version [ˈvɜːʒən]
Modell, Version

Which software version are you using?	Welche Software-Version verwenden Sie?
load [ləʊd]	laden
run a program [rʌn ə ˈprəʊgræm]	ein Programm laufen lassen
update [ˈʌpdeɪt]	Update, Aktualisierung
update [ʌpˈdeɪt]	aktualisieren, updaten
We update the database on a daily basis.	Wir aktualisieren die Datenbank täglich.
file [faɪl]	Datei, in einer Datei ablegen
open a file [ˈəʊpən ə faɪl]	eine neue Datei anlegen, eine Datei öffnen
create a file [krɪˈeɪt ə faɪl]	eine Datei erstellen
We need to create a file for this project.	Wir müssen eine Datei für dieses Projekt erstellen.
save a file [ˈseɪv ə faɪl]	eine Datei speichern
delete a file [dɪˈliːt ə faɪl]	eine Datei löschen
call up a file [ˈkɔːl ʌp ə faɪl]	eine Datei aufrufen
access a file [ˈækses ə faɪl]	eine Datei aufrufen
access [ˈækses]	Zugriff, Zugang
data [deɪtə]	Daten
data processing [ˈdeɪtə ˈprəʊsesɪŋ]	Datenverarbeitung
data transfer [ˈdeɪtə ˈtrænsfɜː]	Datenübertragung
We have located the error in the data transfer.	Wir haben den Fehler bei der Datenübertragung identifiziert.
input [ˈɪnpʊt]	Input, eingeben
database [ˈdeɪtəbeɪs]	Datenbank
The database is password-protected.	Die Datenbank ist kennwortgeschützt.
data entry [ˈdeɪtə ˈentrɪ]	Datenerfassung, Dateneintrag
data mining [ˈdeɪtə ˈmaɪnɪŋ]	Data-Mining, automatische Datenauswertung
spreadsheet [ˈspredʃiːt]	Tabellenkalkulation
interface [ˈɪntəfeɪs]	Schnittstelle, Interface
network [ˈnetwɜːk]	Netzwerk
server [ˈsɜːvə]	Server
provider [prəˈvaɪdə]	Provider, Anbieter
Internet [ˈɪntənet]	das Internet
the Net [ðə ˈnet]	das Netz

surf the Net [sɜːf ðə ˈnet]	im Internet surfen

 Als *intranet* bezeichnet man das interne PC-Netzwerk einer Firma.

web [web]	World Wide Web, Netz
web browser [web ˈbraʊzə]	Webbrowser
log on/off [lɒg ˈɒn/ˈɒf]	sich anmelden, sich abmelden
To log on, please enter your password.	Geben Sie bitte Ihr Passwort ein, um sich anzumelden.
online [ɒnˈlaɪn]	online, Online…
work online [wɜːk ˈɒnlaɪn]	online arbeiten
online shop [ˈɒnlaɪn ʃɒp]	Onlineshop
email [ˈiːmeɪl]	E-Mail, e-mailen
Wi-Fi [ˈwaɪfaɪ]	WLAN
download [daʊnˈləʊd]	herunterladen
upload [ʌpˈləʊd]	hochladen
Please upload the data today.	Bitte laden Sie die Daten heute hoch.
digitization [dɪdʒɪtaɪˈzeɪʃən]	Digitalisierung
homepage [ˈhəʊmpeɪdʒ]	Homepage
website [ˈwebsaɪt]	Website
cloud [klaʊd]	Cloud, Datenwolke
data protection [ˈdeɪtə prəˈtekʃən]	Datenschutz
privacy policy [ˈprɪvəsɪ ˈpɒlɪsɪ]	Datenschutzrichtlinie
profile [ˈprəʊfaɪl]	Profil
social network [ˈsəʊʃəl ˈnetwɜːk]	soziales Netzwerk
thread [θred]	Thread, Folge von Beiträgen

4. Bürotätigkeiten

manage [ˈmænɪdʒ]	verwalten, leiten
be in charge of [biː ɪn ˈtʃɑːdʒ əv]	verantwortlich sein für

 Man kann entweder sagen *be responsible for* oder *be in charge of,* um einen Verantwortlichkeitsbereich auszudrücken.

deal with [ˈdiːl wɪð]
   I deal with shipping and transport
   documentation.

sich befassen mit, erledigen
   Ich erledige Versand- und
   Transportdokumente.

process [ˈprəʊses]
   We will process your request
   within one week.

bearbeiten, Prozess
   Wir werden Ihre Anfrage innerhalb einer
   Woche bearbeiten.

responsibility [rɪspɒnsəˈbɪlətɪ]

Verantwortung, Aufgabe

incoming [ˈɪnkʌmɪŋ]

eingehend

outgoing [ˈaʊtɡəʊɪŋ]

ausgehend

secretarial [sekrəˈteərɪəl]

Sekretariats…

paperwork [ˈpeɪpəwɜːk]
   Many employees complain of too
   much paperwork.

Schreibarbeit, Papierkram *fam*
   Viele Angestellte beschweren sich über
   zu viel Papierkram.

typing error [ˈtaɪpɪŋ ˈerə]

Tippfehler

correspondence [kɒrəˈspɒndəns]

Schriftwechsel, Korrespondenz

copy [ˈkɒpɪ]

Kopie, kopieren

draft [drɑːft]

entwerfen, Entwurf

file [faɪl]
   I'll open a new file for the
   marketing project.

(Akten-)Ordner, Datei, ablegen, einordnen
   Ich werde eine neue Akte für das
   Marketingprojekt anlegen.

present [prɪˈzent]
   He'll present the results of our
   sales promotion.

vortragen, vorstellen
   Er wird die Ergebnisse unserer Verkaufs-
   kampagne präsentieren.

finalize [ˈfaɪnəlaɪz]

abschließen

run [rʌn]
   The team is run by the marketing
   manager.

leiten, betreiben, bedienen
   Das Team wird vom Marketing-Manager
   geführt.

involve [ɪnˈvɒlv]

beinhalten

accountable [əˈkaʊntəbl]
   The managing director is
   accountable to the shareholders.

verantwortlich, rechenschaftspflichtig
   Der Geschäftsführer ist den Aktionären
   gegenüber rechenschaftspflichtig.

administration [ədmɪnɪˈstreɪʃən]

Verwaltung, Regierung

administrative work
[ədˈmɪnɪstrətɪv wɜːk]

Verwaltungsarbeit

red tape *fig* [red ˈteɪp]
   Red tape can deter people from
   founding new businesses.

Amtsschimmel *fig*, Papierkrieg
   Der Amtsschimmel kann Leute von einer
   Geschäftsgründung abhalten.

1. Arbeit

profession [prə'feʃən]
Beruf
  She works in the legal profession.
  Sie arbeitet im Anwaltsberuf.
professional [prə'feʃənl]
beruflich, Berufs…
occupation [ɒkjʊ'peɪʃən]
Beruf, Tätigkeit
  What is your occupation?
  Was machen Sie beruflich?
job [dʒɒb]
Arbeit, Stelle, Aufgabe
  It's my job to deal with the
correspondence.
  Meine Aufgabe ist es, die Korrespondenz
zu erledigen.

 Bei *job* braucht man die Artikel *a* oder *the*:
  He has found a good job.   Er hat einen guten Job gefunden.
Work hingegen ist unzählbar, d.h. der Begriff wird ohne Artikel verwendet:
He has found work in the factory.   Er hat Arbeit in der Fabrik gefunden.

permanent ['pɜːmənənt]
unbefristet
job sharing [dʒɒb 'ʃeərɪŋ]
Jobsharing, Arbeitsplatzteilung
work [wɜːk]
Arbeit, arbeiten
  He's at work.
  Er ist bei der Arbeit.
out of work [aʊt əv 'wɜːk]
arbeitslos
work a machine [wɜːk ə mə'ʃiːn]
eine Maschine bedienen
work experience
Berufserfahrung, Praktikum
[wɜːk ɪk'spɪərɪəns]
  I have three years' work
experience.
  Ich habe drei Jahre Berufserfahrung.
work schedule [wɜːk 'ʃedjuːl]
Arbeitsplan
work permit [wɜːk 'pɜːmɪt]
Arbeitserlaubnis
workplace ['wɜːkpleɪs]
Arbeitsplatz
worker ['wɜːkə]
Arbeiter(in)
full-time worker
Vollzeitkraft
['fʊltaɪm 'wɜːkə]
part-time worker
Teilzeitkraft
['pɑːtaɪm 'wɜːkə]
part-time ['pɑːtaɪm]
(in) Teilzeit…, stundenweise
  She works as a part-time nurse.
  Sie arbeitet in Teilzeit als
Krankenschwester.

temporary worker Aushilfskraft
[ˈtempərərɪ ˈwɜːkə]
temp *fam* [temp] Aushilfe, Aushilfskraft
  We employ temps during busy   Wir stellen in Stoßzeiten Aushilfs-
  periods.   kräfte an.
casual worker Gelegenheitsarbeiter(in)
[ˈkæʒuəl ˈwɜːkə]
flexitime [ˈfleksɪtaɪm] Gleitzeit
teleworking [ˈtelɪwɜːkɪŋ] Telearbeit
  Teleworking is often suitable for   Telearbeit ist für berufstätige Mütter
  working mothers.   oft geeignet.

 Unter *teleworking* versteht man Arbeit, die von zu Hause aus oder unter-
wegs mobil erledigt werden kann. Der Arbeitnehmer muss nicht an einer
Arbeitsstelle sein.

home office [ˈhəʊm ˈɒfɪs] Homeoffice
official [əˈfɪʃəl] offiziell, amtlich, Beamter/Beamtin
freelance [ˈfriːlæns] freiberuflich tätig sein
freelancer [ˈfriːlænsə] Freiberufler(in), freie(r) Mitarbeiter(in)
  She works as a freelancer.   Sie arbeitet als Freiberuflerin.
self-employed [selfɪmˈplɔɪd] selbstständig erwerbstätig
  She is a self-employed interior   Sie ist eine selbstständige
  designer.   Innenarchitektin.
blue-collar worker Arbeiter(in)
[bluːˈkɒlə ˈwɜːkə]

 Für *blue-collar worker* kann man auch *labourer* oder *manual worker*
sagen.

white-collar worker Angestellte(r), Büroangestellte(r)
[waɪtˈkɒlə ˈwɜːkə]
labourer [ˈleɪbərə] Arbeiter(in), Arbeitskraft
shift work [ˈʃɪft wɜːk] Schichtarbeit
workforce [ˈwɜːkfɔːs] Arbeiterschaft, Belegschaft
  They have a skilled workforce.   Sie haben ausgebildete Arbeits-
    kräfte.

working conditions *pl*
['wɜːkɪŋ kən'dɪʃənz]

Arbeitsbedingungen

working hours *pl*
['wɜːkɪŋ 'aʊəz]

Arbeitszeiten

My working hours vary from week
to week.

Meine Arbeitszeiten sind jede Woche
unterschiedlich.

workload ['wɜːkləʊd]

Arbeitsbelastung, Arbeitspensum

I have a heavy workload.

Ich habe eine hohe Arbeitsbelastung.

employ [ɪm'plɔɪ]

beschäftigen, anstellen

employed [ɪm'plɔɪd]

berufstätig, erwerbstätig

She's employed on a part-time
basis.

Sie arbeitet Teilzeit.

employee [ɪmplɔɪ'iː]

Arbeitnehmer(in), Angestellte(r)

employer [ɪm'plɔɪə]

Arbeitgeber(in)

employment [ɪm'plɔɪmənt]

Arbeit, Stellung, Beschäftigung

full employment
[fʊl ɪm'plɔɪmənt]

Vollbeschäftigung

unemployed [ʌnɪm'plɔɪd]

arbeitslos

unemployment [ʌnɪm'plɔɪmənt]

Arbeitslosigkeit

unemployment insurance
[ʌnɪm'plɔɪmənt ɪn'ʃʊərəns]

Arbeitslosenversicherung

register ['redʒɪstə]

Register, (sich) anmelden

She registered as unemployed
this morning.

Sie hat sich heute Morgen arbeitslos
gemeldet.

overtime ['əʊvətaɪm]

Überstunden

You may be required to work
unpaid overtime.

Sie werden vielleicht unbezahlte
Überstunden machen müssen.

sick leave ['sɪk liːv]

Arbeitsunfähigkeit

be on sick leave
[biː ɒn 'sɪk liːv]

krankgeschrieben sein

sick note ['sɪk nəʊt]

Krankmeldung

paid maternity leave
[peɪd mə'tɜːnɪtɪ liːv]

Mutterschutz

National Insurance *BE*
['næʃənəl ɪn'ʃʊərəns]

Sozialversicherung

UK employees have to pay National
Insurance.

Britische Arbeitnehmer müssen
Sozialversicherungsbeiträge zahlen.

health insurance   Krankenversicherung
[helθ ɪnˈʃʊərəns]

> ⓘ Hat ein Arbeitnehmer in Großbritannien keine private Krankenversicherung abgeschlossen, wird er durch den *National Health Service (NHS),* die gesetzliche Krankenkasse, versichert. Dagegen gibt es in den USA keine vergleichbare gesetzliche Krankenversicherung. Viele Arbeitnehmer sind über ihren Arbeitgeber privat versichert, daneben gibt es staatliche Gesundheitsprogramme wie *Medicare* und *Medicaid.* Die Regierung Obama hat die staatlichen Leistungen ausgebaut.

2. Bewerben

applicant [ˈæplɪkənt]   Bewerber(in)
  The standard of applicants has   Das Niveau der Bewerber ist sehr
  been high.   hoch gewesen.
apply for a job   sich um eine Stelle bewerben
[əˈplaɪ fɔːr ə dʒɒb]
job application   Bewerbung
[dʒɒb æplɪˈkeɪʃən]
  Do you need any help with your   Brauchen Sie Hilfe bei Ihrer Bewerbung?
  job application?
letter of application   Bewerbungsschreiben
[ˈletə əv æplɪˈkeɪʃən]
vacancy [ˈveɪkənsɪ]   freie Stelle
  They advertised the vacancy.   Sie haben die Stelle ausgeschrieben.
advertise [ˈædvətaɪz]   werben für, annoncieren, inserieren
advertisement [ədˈvɜːtɪsmənt]   Werbung, Anzeige, Inserat
classified advertisements *pl*   Kleinanzeigen
[ˈklæsɪfaɪd ədˈvɜːtɪsmənts]
fill [fɪl]   besetzen, (aus)füllen
  The position has already been   Die Stelle wurde schon vergeben.
  filled.
job centre *BE* [ˈdʒɒb ˈsentə]   Arbeitsagentur, Jobcenter
employment agency   (private) Stellenvermittlung
[ɪmˈplɔɪmənt ˈeɪdʒənsɪ]

recruitment agency   Stellenvermittlung
[rɪˈkruːtmənt ˈeɪdʒənsɪ]

 Im amerikanischen Englisch übersetzt man Arbeitsamt oder Arbeitsagentur
mit *labor exchange*. Im britischen Englisch dagegen mit *job centre*.
Recruitment agencies sind normalerweise private Stellenvermittlungs-
firmen.

job description   Tätigkeitsbeschreibung
[dʒɒb dɪˈskrɪpʃən]
job interview [dʒɒb ˈɪntəvjuː]   Vorstellungsgespräch
  I have a job interview tomorrow.   Morgen habe ich ein Vorstellungs-
                                            gespräch.
curriculum vitae   Lebenslauf
[kəˈrɪkjʊləm ˈviːtaɪ]
CV *BE* [siːˈviː],   Lebenslauf
résumé *AE* [ˈrezjumeɪ]
  I enclose my CV together with a   Ich lege meinen Lebenslauf und eine
  copy of my certificate.   Zeugniskopie bei.

 Im britischen Englisch spricht man von einem *CV* (*Curriculum vitae*) als
Übersetzung für „Lebenslauf". Im amerikanischen Englisch wird eher der
Begriff *résumé* gebraucht.

tabular [ˈtæbjʊlə]   tabellarisch
covering letter [ˈkʌvərɪŋ ˈletə]   Anschreiben
certificate [səˈtɪfɪkət]   Bescheinigung, Urkunde
reference [ˈrefərəns]   Referenz, Zeugnis
  Please provide us with a reference.   Bitte legen Sie uns ein Zeugnis vor.
qualification [kwɒlɪfɪˈkeɪʃən]   Qualifikation, Zeugnis
key qualification   Schlüsselqualifikation
[kiː kwɒlɪfɪˈkeɪʃən]
  She possesses the key qualifi-   Sie verfügt über die Schlüssel-
  cations required for the job.   qualifikationen für diesen Job.
qualifying period   Probezeit
[ˈkwɒlɪfaɪɪŋ ˈpɪərɪəd]
trial period [ˈtraɪəl ˈpɪərɪəd]   Probezeit

unqualified [ʌnˈkwɒlɪfaɪd] unqualifiziert, nicht qualifiziert
He is unqualified for this post. Er ist für diese Stelle unqualifiziert.
skill [skɪl] Fertigkeit, Kenntnis
skilled [skɪld] geschickt, ausgebildet
semi-skilled [semɪˈskɪld] angelernt
contract [ˈkɒntrækt] Vertrag, Vereinbarung
Please fill in and sign the contract. Bitte füllen Sie den Vertrag aus und unterschreiben Sie ihn.
contract of employment Arbeitsvertrag
[ˈkɒntrækt əv ɪmˈplɔɪmənt]
hire [haɪə] einstellen
We have hired a new secretary. Wir haben eine neue Sekretärin eingestellt.

recruit [rɪˈkruːt] (an)werben, gewinnen
recruitment [rɪˈkruːtmənt] (An-)Werbung, Personal-beschaffung

promote [prəˈməʊt] befördern
promotion [prəˈməʊʃən] Beförderung
dismiss [dɪsˈmɪs] entlassen
dismissal [dɪsˈmɪsəl] Entlassung
make sb. redundant jdm. kündigen
[meɪk ˈsʌmbədɪ rɪˈdʌndənt]
sack *fam* [sæk] entlassen, feuern *fam*
The boss sacked John. *fam* Der Chef hat John gefeuert. *fam*
get the sack *fam* [get ðə ˈsæk] gefeuert werden *fam*

 Umgangssprachlich wird statt *dismiss* oft auch *sack* (rausschmeißen) oder *fire* (feuern) verwendet:
I was sacked/I got the sack. Ich wurde rausgeschmissen/gefeuert.

quit [kwɪt] kündigen
I'm quitting at the end of the month. Ich habe zum Monatsende gekündigt.
resign [rɪˈzaɪn] kündigen, zurücktreten
He has resigned to take up a better position. Er hat gekündigt, um eine bessere Stelle anzunehmen.
resignation [rezɪɡˈneɪʃən] Rücktritt, Kündigung

notice ['nəʊtɪs] | Kündigung
She handed in her notice this morning. | Sie hat heute Morgen ihre Kündigung eingereicht.
give sb. notice | jdm. kündigen, bei jdm. kündigen
[gɪv 'sʌmbədɪ 'nəʊtɪs] |
period of notice | Kündigungsfrist
['pɪərɪəd əv 'nəʊtɪs] |
retirement [rɪ'taɪəmənt] | Ruhestand
pay [peɪ] | Bezahlung, bezahlen
salary ['sælərɪ] | Gehalt
We weren't able to meet her salary expectations. | Wir konnten ihre Gehaltserwartungen nicht erfüllen.

 Salary verdient man monatlich, *wage* dagegen wird wöchentlich, meist für *manual work* (körperliche Arbeit) bezahlt.

gross salary [grəʊs 'sælərɪ] | Bruttogehalt
net salary [net 'sælərɪ] | Nettogehalt
annual salary ['ænjʊəl 'sælərɪ] | Jahresgehalt
salaried ['sælərɪd] | angestellt
wage [weɪdʒ] | Lohn
She earns the minimum wage. | Sie verdient den Mindestlohn.
hourly wage ['aʊəlɪ weɪdʒ] | Stundenlohn
earn [ɜːn] | verdienen, bringen
earnings *pl* ['ɜːnɪŋz] | Verdienst, Ertrag
make money [meɪk 'mʌnɪ] | Geld verdienen
premium ['priːmɪəm] | Bonus, Prämie
bonus ['bəʊnəs] | Prämie
Employees are awarded performance-related bonuses. | Den Mitarbeitern werden leistungsabhängige Prämien gezahlt.
remuneration | Bezahlung, Entlohnung
[rɪmjuːnə'reɪʃən] |
remuneration in kind | Sachbezüge
[rɪmjuːnə'reɪʃən ɪn kaɪnd] |
rise [raɪz] | Anstieg, Gehaltserhöhung, ansteigen
I've been given a ten per cent rise. | Ich habe eine zehnprozentige Gehaltserhöhung bekommen.

Rise (ansteigen) und *raise* (anheben) werden oft verwechselt. Das Verb *rise* braucht kein Objekt, während dem Verb *raise* immer ein Objekt folgen muss.

Food prices are rising.	Die Nahrungsmittelpreise steigen.
The supermarkets raised the food prices.	Die Supermärkte haben die Nahrungsmittelpreise angehoben.

holiday *BE* [ˈhɒlɪdeɪ]   Urlaub, Ferien, Feiertag
vacation *AE* [veɪˈkeɪʃən]   Ferien, Urlaub

 Holiday (BE) und *vacation (AE)* werden oft falsch verwendet. Will man ausdrücken, dass man in Urlaub fährt, heißt es: *to go on holiday/ vacation*. Befindet man sich gerade im Urlaub, sagt man: *to be on holiday/ vacation*.

leave [liːv]   Urlaub
I do not have much annual leave.   Ich habe nicht so viel Urlaub im Jahr.

3. Aus- und Weiterbildung

train [treɪn]   ausbilden, schulen
trainee [treɪˈniː]   Auszubildende(r), Lehrling, Praktikant(in)

The trainee starts next week.   Nächste Woche fängt der Praktikant an.
training course [ˈtreɪnɪŋ kɔːs]   Ausbildung, Lehre, Schulung
apprentice [əˈprentɪs]   Lehrling, Auszubildende(r)
He works as an apprentice butcher.   Er ist Metzgerlehrling.

apprenticeship [əˈprentɪsʃɪp]   Lehre, Ausbildung

 Eine formalisierte betriebliche Ausbildung ist international eher selten, oft erfolgt ein *training on the job*. Den Begriff „Lehre" kann man mit *apprenticeship* übersetzen, wenn er in Zusammenhang mit körperlicher Arbeit oder handwerklichen Berufen steht. Im Angestelltenbereich verwendet man meist *traineeship*.

vocational [vəʊˈkeɪʃənəl]
Berufs…

He decided to do a vocational
training course.
Er hat sich für eine Berufsausbildung
entschieden.

on-the-job training
Ausbildung am Arbeitsplatz,

[ɒnðəˈdʒɒb ˈtreɪnɪŋ]
Weiterbildung

in-service training
innerbetriebliche Ausbildung

[ˈɪnsɜːvɪs ˈtreɪnɪŋ]

practical training
Praktikum

[ˈpræktɪkəl ˈtreɪnɪŋ]

internship [ˈɪntɜːnʃɪp]
Praktikum, Volontariat

He completed a six-week internship with a law firm.
Er hat ein sechswöchiges Praktikum bei
einer Anwaltskanzlei abgeschlossen.

retraining [riːˈtreɪnɪŋ]
Umschulung

scheme [skiːm]
Plan, Programm, System

Our employees participate in
various training schemes.
Unsere Mitarbeiter nehmen an
unterschiedlichen Ausbildungs-
programmen teil.

career [kəˈrɪə]
Karriere, Laufbahn

She is very career-oriented.
Sie ist sehr karriereorientiert.

graduate [ˈgrædʒʊət]
Hochschulabsolvent(in)

multilingual [mʌltɪˈlɪŋgwəl]
mehrsprachig

4. Aufgaben

duty [ˈdjuːtɪ]
Aufgabe, Pflicht

function [ˈfʌŋkʃən]
Funktion, Aufgabe

What is her function within the
company?
Was sind ihre Aufgaben innerhalb des
Unternehmens?

task [tɑːsk]
Aufgabe

field of activity
Tätigkeitsfeld

[fiːld əv ækˈtɪvɪtɪ]

responsible for
verantwortlich für

[rɪˈspɒnsəbl fɔː]

responsibility [rɪspɒnsəˈbɪlətɪ]
Verantwortung

area of responsibility
Verantwortungsbereich

[ˈeərɪə əv rɪspɒnsəˈbɪlətɪ]

perform [pəˈfɔːm] — leisten, erfüllen

performance [pəˈfɔːməns] — Erfüllung, Durchführung, Leistung
We will monitor your performance on a continual basis. — Wir werden ihre Leistung fortlaufend überprüfen.

attend to [əˈtend tu] — sich kümmern um, erledigen

instruction [ɪnˈstrʌkʃən] — Anweisung
Your supervisor will give you instructions. — Ihr Vorgesetzter wird Ihnen Anweisungen geben.

organize [ˈɔːgənaɪz] — organisieren, planen, sorgen für

sign [saɪn] — unterschreiben

sign for [saɪn ˈfɔː] — den Empfang bestätigen

sign in [saɪn ˈɪn] — sich eintragen

sign up [saɪn ˈʌp] — (sich) verpflichten, unterschreiben

accountability [əkaʊntəˈbɪlətɪ] — Verantwortlichkeit

account for [əˈkaʊnt fɔː] — etw. erklären

accountable to [əˈkaʊntəbl tuː] — jdm. verantwortlich sein

photocopy [ˈfəʊtəʊkɒpɪ] — Fotokopie, fotokopieren

hard copy [hɑːd ˈkɒpɪ] — Papierausdruck, Hardcopy
Send a hard copy of your CV to the following address. — Schicken Sie einen Ausdruck Ihres Lebenslaufes an folgende Adresse.

word processing [wɜːd ˈprəʊsesɪŋ] — Textverarbeitung

post *BE* [pəʊst], **mail** *AE* [meɪl] — Post, per Post schicken

 Im britischen Englisch wird für Begriffe aus dem Postwesen stets *post* verwendet, z.B. *postbox* (Briefkasten) oder *postman* (Briefträger). Im Amerikanischen verwendet man *mail*. Bei E-Mails spricht man aber auch im britischen Englisch von *mail*.

postage [ˈpəʊstɪdʒ] — Porto, Gebühr

postage due [ˈpəʊstɪdʒ djuː] — Strafporto, Nachporto

postcode [ˈpəʊstkəʊd] — Postleitzahl

postdate [pəʊstˈdeɪt] — vordatieren

predate [priːˈdeɪt] — vorausgehen, zurückdatieren

postmark [ˈpəʊstmɑːk] — Poststempel

1. Besprechungen

chat [tʃæt]
informelles Gespräch, plaudern

brainstorming [ˈbreɪnstɔːmɪŋ]
Brainstorming

meeting [ˈmiːtɪŋ]
Treffen, Besprechung, Sitzung

team meeting [tiːm ˈmiːtɪŋ]
Teammeeting

annual general meeting (AGM)
[ˈænjʊəl ˈdʒenərəl ˈmiːtɪŋ]
Jahreshauptversammlung

  The annual general meeting will
take place next week.
  Die Jahreshauptversammlung findet
nächste Woche statt.

conference [ˈkɒnfərəns]
Konferenz, Sitzung

board [bɔːd]
Vorstand, Direktorium

  The board sets corporate strategy.
  Der Vorstand bestimmt die
Unternehmensstrategie.

board meeting [bɔːd ˈmiːtɪŋ]
Vorstandssitzung

call a meeting [kɔːl ə ˈmiːtɪŋ]
eine Sitzung einberufen

hold a meeting
[həʊld ə ˈmiːtɪŋ]
eine Sitzung abhalten

open a meeting
[ˈəʊpən ə ˈmiːtɪŋ]
eine Sitzung eröffnen

 Es gibt verschiedene Möglichkeiten, eine Besprechung zu eröffnen. Wenn
ein Meeting eher formeller Natur ist, sagt der/die Vorsitzende:
*Ladies and Gentlemen, I declare
the meeting open.*
Meine Damen und Herren, die
Sitzung ist eröffnet.
Geht es weniger formell zu, kann man auch einfach sagen:
*Right, shall we get down to
business?*
Okay, sollen wir anfangen/zur
Sache kommen?
OK, let's get started.
Okay, lassen Sie uns loslegen.

close a meeting
[kləʊz ə ˈmiːtɪŋ]
eine Besprechung beenden

schedule [ˈʃedjuːl]
Zeitplan, terminieren, ansetzen

reschedule [riːˈʃedjuːl]
(vor)verlegen

  The meeting has been rescheduled
for tomorrow.
  Das Treffen ist auf morgen vorverlegt
worden.

interrupt [ɪntəˈrʌpt]
unterbrechen

Um jemanden während einer Sitzung zu unterbrechen, sollte man im Englischen sehr höflich und vor allem indirekt sein. Mögliche Formulierungen sind:

If I may just interrupt you for a second, …   Wenn ich Sie für einen Moment unterbrechen darf, …

I wonder if I could just add that …   Dürfte ich kurz ergänzen, dass …

Sorry, but could I perhaps say something at this point?   Entschuldigung, aber dürfte ich hier etwas anmerken?

---

delay [dɪˈleɪ]   Verspätung, Verzögerung, verzögern

postpone [pəˈspəʊn]   aufschieben, verschieben

put off [pʊt ˈɒf]   verschieben, aufschieben

cancel [ˈkænsəl]   absagen, stornieren

They cancelled the meeting at short notice.   Sie haben die Besprechung kurzfristig abgesagt.

adjourn [əˈdʒɜːn]   vertagen, unterbrechen

break off [breɪk ˈɒf]   abbrechen

attend [əˈtend]   teilnehmen

attendance [əˈtendəns]   Teilnahme

participant [pɑːˈtɪsɪpənt]   Teilnehmer(in)

participate [pɑːˈtɪsɪpeɪt]   sich beteiligen, teilnehmen

participation [pɑːtɪsɪˈpeɪʃən]   Beteiligung, Teilnahme

take place [teɪk ˈpleɪs]   stattfinden

gather [ˈgæðə]   sich treffen

chair [tʃeə]   Vorsitz, den Vorsitz führen

chairman [ˈtʃeəmən]   Vorsitzender

chairwoman [ˈtʃeəwʊmən]   Vorsitzende

chairperson [ˈtʃeəpɜːsən]   Vorsitzende(r)

agenda [əˈdʒendə]   Tagesordnung

item on the agenda   Tagesordnungspunkt
[ˈaɪtəm ɒn ðɪ əˈdʒendə]

Let's move to the next item on the agenda.   Gehen wir jetzt zum nächsten Tagesordnungspunkt über.

minutes *pl* [ˈmɪnɪts]   Protokoll

take the minutes [teɪk ðə ˈmɪnɪts]   Protokoll führen

Who is going to take the minutes of the meeting?   Wer wird bei der Besprechung Protokoll führen?

record [ˈrekɔːd]   Aufzeichnung, Protokoll
for the record [fə ðə ˈrekɔːd]   fürs Protokoll, der Ordnung halber
record [rɪˈkɔːd]   protokollieren
any other business (AOB)   Sonstiges
[ˈenɪ ˈʌðə ˈbɪznɪs]
memo(randum)   Mitteilung, Aktennotiz, Vermerk
[ˈmeməʊ (meməˈrændəm)]
discuss [dɪˈskʌs]   besprechen
discussion [dɪˈskʌʃən]   Besprechung
inform [ɪnˈfɔːm]   informieren
brief [briːf]   informieren, kurz
announce [əˈnaʊns]   ankündigen
let sb. know sth.   jdm. etw. mitteilen
[let ˈsʌmbədɪ ˈnəʊ sʌmθɪŋ]
bring sth. up [brɪŋ sʌmθɪŋ ˈʌp]   etw. zur Sprache bringen
remind sb. of sth.   jdn. an etw. erinnern
[rɪˈmaɪnd ˈsʌmbədɪ əv ˈsʌmθɪŋ]
assess [əˈses]   bewerten, (ein)schätzen
assessment [əˈsesmənt]   Beurteilung, Bewertung
remark [rɪˈmɑːk]   Bemerkung, erwähnen
comment [ˈkɒment]   Kommentar, Stellungnahme,
                                      sich äußern

contribution [kɒntrɪˈbjuːʃən]   Beitrag
make a contribution   einen Beitrag leisten
[meɪk ə kɒntrɪˈbjuːʃən]
objection [əbˈdʒekʃən]   Einwand
decide [dɪˈsaɪd]   entscheiden
decision [dɪˈsɪʒən]   Entscheidung
decision making   Entscheidungsfindung
[dɪˈsɪʒən ˈmeɪkɪŋ]
objective [əbˈdʒektɪv]   Ziel
motion [ˈməʊʃən]   Antrag
put forward a motion   einen Antrag stellen
[pʊt ˈfɔːwəd ə ˈməʊʃən]
second a motion   einen Antrag unterstützen
[ˈsekənd ə ˈməʊʃən]
ballot [ˈbælət]   Stimmabgabe

take a vote [teɪk ə ˈvəʊt]　　abstimmen
　We should now take a vote on this.　　Wir sollten jetzt darüber abstimmen.
show of hands [ʃəʊ əv ˈhændz]　　Abstimmung durch Handzeichen
in favour of [ɪn ˈfeɪvər əv]　　dafür
against [əˈgenst, əˈgeɪnst]　　dagegen
approve [əˈpruːv]　　einverstanden sein, billigen
majority [məˈdʒɒrɪtɪ]　　Mehrheit, Majorität
majority decision　　Mehrheitsbeschluss
[məˈdʒɒrɪtɪ dɪˈsɪʒən]
　It was a majority decision to close　　Es war ein Mehrheitsbeschluss,
　the plant.　　die Anlage zu schließen.

2. Kundengespräche und Verhandlungen

customer [ˈkʌstəmə]　　Kunde/Kundin
client [ˈklaɪənt]　　Kunde/Kundin
customer meeting　　Kundengespräch
[ˈkʌstəmə ˈmiːtɪŋ]
get down to business　　zur Sache kommen
[get daʊn tə ˈbɪznəs]
offer [ˈɒfə]　　Angebot, anbieten
make an offer [meɪk ən ˈɒfə]　　ein Angebot machen
keep an offer open　　ein Angebot aufrechterhalten
[kiːp ən ˈɒfə ˈəʊpən]
propose [prəˈpəʊz]　　vorschlagen
proposal [prəˈpəʊzəl]　　Vorschlag
negotiate [nɪˈgəʊʃɪeɪt]　　verhandeln
negotiation [nɪgəʊʃɪˈeɪʃən]　　Verhandlung
　Negotiations have now gone into　　Die Verhandlungen laufen nun schon in
　a second week.　　der zweiten Woche.
negotiation skills *pl*　　Verhandlungsgeschick
[nɪgəʊʃɪˈeɪʃən skɪlz]
conduct negotiations　　Verhandlungen führen
[kənˈdʌkt nɪgəʊʃɪˈeɪʃənz]
negotiable [nɪˈgəʊʃɪəbl]　　verkäuflich, verhandelbar
　The price is not negotiable.　　Der Preis ist nicht verhandelbar.

deal [diːl]
Geschäft, Abschluss

offer a deal [ˈɒfər ə diːl]
ein Angebot machen

negotiate a deal
[nɪˈɡəʊʃɪeɪt ə diːl]
ein Geschäft aushandeln

strike a deal [straɪk ə ˈdiːl]
ein Geschäft abschließen

misunderstanding
[mɪsʌndəˈstændɪŋ]
Missverständnis

see to [ˈsiː tə]
sich kümmern um

look into [lʊk ˈɪntə]
etw. untersuchen

go through [ɡəʊ ˈθruː]
etw. überprüfen

convince [kənˈvɪns]
überzeugen

persuade [pəˈsweɪd]
überreden

compromise [ˈkɒmprəmaɪz]
Kompromiss, einen Kompromiss schließen

We are not prepared to compromise on safety standards.
Wir sind nicht bereit, bei den Sicher-
heitsbestimmungen Abstriche zu
machen.

 Ein *compromise* (Kompromiss) wird oft ausgedrückt mit *on condition that/ provided that* (vorausgesetzt, dass) oder mit *as long as* (sofern bzw. wenn im Gegenzug):
We would accept the price as long as you reduce the delivery time.
Wir könnten den Preis akzeptieren, sofern Sie die Lieferzeit verkürzen.

---

terms of contract *pl*
[tɜːmz əv ˈkɒntrækt]
Vertragsbedingungen

meet terms [miːt ˈtɜːmz]
Bedingungen einhalten

conditions *pl* [kənˈdɪʃənz]
Bedingungen

particulars *pl* [pəˈtɪkjʊləz]
Einzelheiten

The particulars of the contract
still need to be clarified.
Die Einzelheiten des Vertrags müssen
noch geklärt werden.

grant a discount
[ɡrɑːnt ə ˈdɪskaʊnt]
Rabatt gewähren

find a solution [faɪnd ə səˈluːʃən]
eine Lösung finden

solve a problem
[sɒlv ə ˈprɒbləm]
ein Problem lösen

provided that [prəˈvaɪdɪd ðæt]
vorausgesetzt, dass

confer [kən'fɜː]	sich beraten
think sth. over	sich etw. überlegen, etw. überdenken
[θɪŋk 'sʌmθɪŋ 'əʊvə]	
confirm [kən'fɜːm]	bestätigen
authority to decide	Entscheidungsbefugnis
[ɔː'θɒrətɪ tə dɪ'saɪd]	
agreement [ə'griːmənt]	Vereinbarung, Abmachung
reach an agreement	eine Vereinbarung treffen
[riːtʃ ən ə'griːmənt]	
sign a contract	einen Vertrag unterschreiben
[saɪn ə 'kɒntrækt]	
bargain ['bɑːgən]	handeln, feilschen
bargaining ['bɑːgənɪŋ]	Verhandeln, Feilschen
concession [kən'seʃən]	Zugeständnis
demand [dɪ'mɑːnd]	verlangen, fordern
call off [kɔːl 'ɒf]	absagen
The deal has been called off.	Das Geschäft ist abgesagt worden.
break down [breɪk 'daʊn]	scheitern
deadlock ['dedlɒk]	festgefahrene Situation
The strike has reached a deadlock.	Der Streik ist festgefahren.
final offer ['faɪnəl 'ɒfə]	letztes Angebot
reject [rɪ'dʒekt]	ablehnen
settlement ['setlmənt]	Einigung, Regelung, Abmachung
finalize ['faɪnəlaɪz]	zum Abschluss bringen, abschließen
We'll finalize the contract tomorrow.	Wir werden den Vertrag morgen abschließen.

3. Meinungen ausdrücken und argumentieren

opinion [ə'pɪnɪən]	Meinung
in my opinion [ɪn maɪ ə'pɪnɪən]	meiner Meinung nach
In my opinion this is the best solution.	Meiner Meinung nach ist dies die beste Lösung.
in my view [ɪn 'maɪ vjuː]	meiner Ansicht nach
see [siː]	verstehen, sehen
I can see his point.	Ich verstehe, was er meint.

The way I see it, …
[ðə weɪ ˈaɪ siː ɪt]

meiner Ansicht nach …

personally [ˈpɜːsənəlɪ]

persönlich

  Personally, I think we should lower
  the price.

  Ich persönlich glaube, dass wir den
  Preis reduzieren sollten.

What's your opinion?
[wɒts jɔːr əˈpɪnɪən]

Was meinen Sie dazu?

What do you think?
[wɒt duː ˈjuː θɪŋk]

Was meinen Sie?

agree [əˈgriː]

einverstanden sein, zustimmen

  I completely agree with you on
  this point.

  Bei diesem Punkt bin ich ganz Ihrer
  Meinung.

disagree [dɪsəˈgriː]

nicht einverstanden sein

exactly [ɪgˈzæktlɪ]

genau

  That's exactly what I think.

  Ich denke genauso.

precisely [prɪˈsaɪslɪ]

genau

suppose [səˈpəʊz]

annehmen, denken, meinen

  I suppose you might be right.

  Ich denke, Sie könnten recht haben.

suggest [səˈdʒest]

vorschlagen

claim [kleɪm]

Behauptung, behaupten

emphasize [ˈemfəsaɪz]

betonen

stress sth. [stres ˈsʌmθɪŋ]

etw. betonen

clarify [ˈklærəfaɪ]

klären, klarstellen

insist (on) [ɪnˈsɪst (ɒn)]

bestehen auf

  Very well, if you insist.

  Also gut, wenn Sie darauf bestehen.

point out [pɔɪnt ˈaʊt]

hinweisen auf

 Wenn man *emphasize*, *stress* oder *point out* verwendet, beginnt man
normalerweise mit einer abschwächenden oder vorsichtigen Einleitung,
da die Bemerkung sonst als zu direkt empfunden werden kann:

I would like to emphasize …
Ich möchte betonen …

I feel I must stress …
Ich muss betonen …

What you said is absolutely correct,
but I really have to point out that …
Sie haben absolut recht, aber ich
muss darauf hinweisen, dass …

---

deny [dɪˈnaɪ]

leugnen

perhaps [pəˈhæps]

vielleicht

of course [əv ˈkɔːs]	natürlich, selbstverständlich
share [ʃeə]	teilen
I cannot share your point of view.	Ich kann Ihre Ansicht nicht teilen.
doubt [daʊt]	Zweifel, bezweifeln
reject [rɪˈdʒekt]	ablehnen
Unfortunately we have to reject your offer.	Leider müssen wir Ihr Angebot ablehnen.
give in [gɪv ˈɪn]	nachgeben
pros and cons *pl* [ˈprəʊz ənd ˈkɒnz]	Pro und Kontra, Vor- und Nachteile

4. Präsentationen

present [prɪˈzent]	präsentieren, vortragen
presentation [prezn̩ˈteɪʃən]	Präsentation, Vortrag

 Beginnen Sie Ihre Präsentation (*presentation*) mit einer einführenden, allgemeinen Frage oder einer kurzen, themenrelevanten Anekdote. So sichern Sie sich leichter die Aufmerksamkeit der Anwesenden.

make a presentation [meɪk ə prezn̩ˈteɪʃən]	eine Präsentation halten
press conference [pres ˈkɒnfərəns]	Pressekonferenz
The marketing department has arranged a press conference for Monday.	Die Marketingabteilung hat für Montag eine Pressekonferenz veranlasst.
talk [tɔːk]	Vortrag, sprechen, vortragen
There are three main issues I'd like to talk about today.	Es gibt drei Hauptthemen, über die ich heute gerne sprechen möchte.
give a talk on sth. [gɪv ə tɔːk ɒn ˈsʌmθɪŋ]	einen Vortrag über etw. halten
seminar [ˈseminɑː]	Seminar, Kurs
workshop [ˈwɜːkʃɒp]	Workshop, Seminar
audience [ˈɔːdɪens]	Zuschauer, Teilnehmer
handout [ˈhændaʊt]	Handzettel, Tischvorlage

facilities *pl* [fə'sɪlətɪz] — Einrichtungen, Räumlichkeiten
  Which facilities would you like to book for the presentation? — Welche Räumlichkeiten möchten Sie für Ihren Vortrag reservieren?

projector [prə'dʒektə] — Beamer

transparency [træns'pærənsɪ] — Folie

whiteboard ['waɪtbɔːd] — weiße Tafel

overhead projector ['əʊvəhed prə'dʒektə] — Tageslichtprojektor

structure ['strʌktʃə] — Aufbau, Gliederung

overview ['əʊvəvjuː] — Übersicht

topic ['tɒpɪk] — Thema

begin with [bɪ'ɡɪn wɪð] — anfangen mit

introduce [ɪntrə'djuːs] — vorstellen, einleiten

let's look at [lets 'lʊk æt] — schauen wir auf …

let's turn to [lets 'tɜːn tə] — wenden wir uns … zu
  Now let's turn to this year's figures. — Nun wenden wir uns den Zahlen von diesem Jahr zu.

chart [tʃɑːt] — Tabelle, Schaubild

forecast ['fɔːkɑːst] — Prognose, Voraussage

probability [prɒbə'bɪlətɪ] — Wahrscheinlichkeit

statistics [stə'tɪstɪks] — Statistik

outlook ['aʊtlʊk] — Aussichten

cover ['kʌvə] — abdecken, behandeln

let's sum up [lets sʌm 'ʌp] — um zusammenzufassen …

last, but not least ['lɑːst bət nɒt 'liːst] — nicht zuletzt …
  Last, but not least, we also have to consider the inflation rate. — Und nicht zuletzt müssen wir auch die Inflationsrate berücksichtigen.

that brings me to the end [ðæt brɪŋz miː tə ðɪ 'end] — damit beende ich …

summarize ['sʌməraɪz] — zusammenfassen

conclude [kən'kluːd] — enden, abschließen, folgern

raise questions [reɪz 'kwestʃənz] — Fragen stellen

Any questions? [enɪ 'kwestʃənz] — Gibt es Fragen?

1. Geschäftsbriefe

letter ['letə]	Brief
business letter ['bɪznɪs 'letə]	Geschäftsbrief
draft a letter [drɑːft ə 'letə]	einen Brief aufsetzen/verfassen
letterhead ['letəhed]	Briefkopf
subject line ['sʌbdʒekt laɪn]	Betreffzeile
reference (re.) ['refrəns]	Betreff
addressee [ədre'siː]	Empfänger(in), Adressat
recipient [rɪ'sɪpɪənt]	Empfänger(in)
sender ['sendə]	Absender(in)
return to sender (RTS) [rɪ'tɜːn tə 'sendə]	zurück an Absender
correspondence [kɒrə'spɒndəns]	Briefwechsel
printed matter ['prɪntəd 'mætə]	Drucksache
confidential [kɒnfɪ'denʃəl]	vertraulich, geheim
strictly confidential ['strɪktlɪ kɒnfɪ'denʃəl]	streng vertraulich
receive [rɪ'siːv]	bekommen, erhalten, empfangen
return [rɪ'tɜːn]	zurücksenden
Return the completed application form to the following address.	Senden Sie das ausgefüllte Bewerbungsformular an folgende Adresse zurück.
date [deɪt]	Datum
Can you suggest a suitable date?	Können Sie einen passenden Termin vorschlagen?
suitable ['suːtəbl]	passend, gelegen
unsuitable [ʌn'suːtəbl]	ungelegen
convenient [kən'viːnɪənt]	passend, gelegen
Would Tuesday be convenient for you?	Passt Ihnen Dienstag?
inconvenient [ɪnkən'viːnɪənt]	ungelegen
about [ə'baʊt]	bezüglich
About our meeting next week, could we start an hour later?	Bezüglich unserer Besprechung nächste Woche, können wir eine Stunde später anfangen?

salutation [sælju'teɪʃən]   Anrede, Begrüßung
Dear Sir(s) [dɪə 'sɜː(z)]   Sehr geehrte Damen und Herren

 Wenn man mit *Dear Sir(s)* einen Geschäftsbrief beginnt, verwendet man als Schlussformel entweder *Yours faithfully* oder *Yours sincerely.* Immer öfter wird heute *Yours sincerely* bevorzugt, da es sich freundlicher anhört. In amerikanischen Geschäftsbriefen schreibt man einfach *Sincerely* oder *Sincerely yours.*

Dear Mr Smith   Sehr geehrter Herr Smith
[dɪə 'mɪstə smɪθ]
complimentary close   Schlussformel
[kɒmplɪ'mentrɪ kləʊz]
Yours faithfully [jɔːz 'feɪθfəlɪ]   Mit freundlichen Grüßen
Yours sincerely [jɔːz sɪn'sɪəlɪ]   Mit freundlichen Grüßen
Best regards *pl* [best rɪ'gɑːdz]   Liebe Grüße

 Bei E-Mails kann man informeller sein als bei Geschäftsbriefen und mit *Hello/Good morning* anfangen und mit *Best/Kind regards* enden.

signature ['sɪgnətʃə]   Unterschrift
enclose [ɪn'kləʊz]   beifügen
enclosure [ɪn'kləʊʒə]   Anlage
for the attention of (Attn)   zu Händen von
[fə θɪ ə'tenʃən əv]
with reference to   mit Bezug auf
[wɪð 'refərəns tuː]
in reply to [ɪn rɪ'plaɪ tuː]   in Beantwortung
for your information (FYI)   zu Ihrer Information
[fə jɔːr ɪnfə'meɪʃən]
with regard to [wɪð rɪ'gɑːd tuː]   bezüglich
  With regard to our appointment   Bezüglich unseres Termins nächste
  next week, I would like to confirm   Woche möchte ich die Uhrzeit
  the time.   bestätigen.
referring to [rɪ'fɜːrɪŋ tuː]   Bezug nehmend auf
regret to inform sb.   bedauern, jdm. etw. mitteilen zu müssen
[rɪ'gret tu ɪn'fɔːm 'sʌmbədɪ]

confirm [kənˈfɜːm]   bestätigen
pleased to confirm   sich freuen, bestätigen zu können
[pliːzd tə kənˈfɜːm]
according to [əˈkɔːdɪŋ tə]   zufolge, laut
on behalf of [ɒn bɪˈhɑːf əv]   im Namen von, im Auftrag von
acknowledge [əkˈnɒlɪdʒ]   bestätigen
acknowledge receipt of   den Erhalt bestätigen
[əkˈnɒlɪdʒ rɪˈsiːt əv]
be grateful if [biː ˈgreɪtfl ɪf]   dankbar sein, wenn
look forward to   sich freuen auf
[lʊk ˈfɔːwəd tuː]
   I look forward to hearing from   Ich freue mich, bald wieder von Ihnen zu
   you again soon.   hören.
hesitate [ˈhezɪteɪt]   zögern
   Please do not hesitate to contact   Bitte zögern Sie nicht, sich mit uns in
   us.   Verbindung zu setzen.
spelling [ˈspelɪŋ]   Buchstabieren, Schreibweise
sentence [ˈsentəns]   Satz
paragraph [pærəˈgrɑːf]   Absatz
page [peɪdʒ]   Seite
as follows [əz ˈfɒləʊz]   wie folgt
above-mentioned   oben genannt
[əbʌvˈmenʃənd]
below [bɪˈləʊ]   unten
list [lɪst]   Liste, auflisten, aufzählen
await [əˈweɪt]   erwarten
forward [ˈfɔːwəd]   senden, schicken, weiterleiten

2. E-Mail und Fax

email [ˈiːmeɪl]   E-Mail, e-mailen
email address [ˈiːmeɪl ˈædres]   E-Mail-Adresse
send an email [send ən ˈiːmeɪl]   eine E-Mail schicken
   Could you send me an email as   Würden Sie mir bitte eine E-Mail
   soon as the date is confirmed.   schicken, sobald der Termin bestätigt
                                                       wird.

receive [rɪˈsiːv] — empfangen
reply [rɪˈplaɪ] — Antwort, beantworten
forward [ˈfɔːwəd] — weiterleiten
delete [dɪˈliːt] — löschen
  I'll have to delete all the junk mail. — Ich muss alle Spammails löschen.
mailing list [ˈmeɪlɪŋ lɪst] — Verteilerliste, Verteiler
inbox [ˈɪnbɒks] — Posteingang
incoming mail [ˈɪnkɒmɪŋ meɪl] — Posteingang
outgoing mail [ˈaʊtɡəʊɪŋ meɪl] — Postausgang
draft [drɑːft] — Entwurf
attach [əˈtætʃ] — anhängen, beifügen
attachment [əˈtætʃmənt] — Anlage
asap (as soon as possible) — so bald wie möglich, schnellstmöglich
[eɪ es eɪ ˈpiː]
fax [fæks] — (Tele-)Fax, faxen
  Did you get my fax? — Haben Sie mein Fax bekommen?
send a fax [send ə fæks] — ein (Tele-)Fax schicken

3. Telefonieren

phone [fəʊn] — Telefon, anrufen
telephone [ˈtelɪfəʊn] — Telefon, anrufen
mobile (phone) BE — Handy, Mobiltelefon
[ˈməʊbaɪl (fəʊn)],
cell (phone) AE [ˈsel (fəʊn)]

> ℹ️ Der im Deutschen gebräuchliche Begriff „Handy" für Mobiltelefon wird nicht mit dem englischen Wort *handy* übersetzt. Im Englischen wird *handy* nur als Adjektiv gebraucht und bedeutet „praktisch" oder „gelegen". Es besteht keine direkte Beziehung zum deutschen Begriff „Handy". Dieser wird im britischen Englisch mit *mobile (phone)*, im amerikanischen mit *cell phone* übersetzt. Einige gebräuchliche Begriffe im Zusammenhang mit *mobile phone* sind:
>
> | | | | |
> |---|---|---|---|
> | *battery* | Akku | *reception* | Empfang |
> | *charger* | Ladegerät | *network* | Netz |
> | *Wi-Fi* | WLAN | *provider* | Anbieter |
> | *text message* | SMS | *memory* | Speicher |

call [kɔːl]
There was a call for you from London.
Anruf, anrufen
Da war ein Anruf für Sie aus London.

make a call [meɪk ə ˈkɔːl]
ein Telefongespräch führen

local call [ˈləʊkl kɔːl]
Ortsgespräch

international call [ɪntəˈnæʃnəl kɔːl]
Auslandsgespräch

give sb. a call [gɪv ˈsʌmbədɪ ə kɔːl]
Give me a call sometime.
jdn. anrufen
Ruf mich doch mal an.

caller [ˈkɔːlə]
Anrufer(in)

ring [rɪŋ]
anrufen

dial a number [daɪəl ə ˈnʌmbə]
eine Nummer wählen

mobile/cell number [ˈməʊbaɪl/sel ˈnʌmbə]
Handynummer

access code [ˈækses kəʊd]
Einwahlnummer

country code [ˈkʌntrɪ kəʊd]
Landesvorwahl

area code [ˈeərɪə kəʊd]
Vorwahl

extension number [ɪkˈstenʃən ˈnʌmbə]
His extension number is 97.
Durchwahl
Seine Durchwahl ist die 97.

receiver [rɪˈsiːvə]
Hörer

speak to [ˈspiːk tə]
Good morning, I'd like to speak to the sales manager, please.
sprechen mit
Guten Morgen, ich möchte bitte den Verkaufsleiter sprechen.

 Wenn Sie selbst anrufen, können Sie so beginnen:
Good morning. This is Anna Müller from Rett. May I speak to Mr Smith please?
Hier ist Anna Müller von Rett. Kann ich bitte Herrn Smith sprechen?

speaking [ˈspiːkɪŋ]
This is Rachel Jones speaking.
am Apparat, sprechend
Rachel Jones am Apparat.

put through [pʊt ˈθruː]
Could you please put me through to the export department?
durchstellen, verbinden
Bitte verbinden Sie mich mit der Exportabteilung.

be transferred [bɪ trænsˈfɜːd]
weiterverbunden werden

connect sb.
[kə'nekt 'sʌmbədɪ]   jdn. verbinden

reach sb. [riːtʃ 'sʌmbədɪ]   jdn. erreichen

have the wrong number   falsch verbunden sein
[hæv ðə rɒŋ 'nʌmbə]

call back [kɔːl 'bæk]   zurückrufen

How are you? [haʊ ɑː 'juː]   Wie geht es Ihnen?

 Ein herzliches Willkommen ist ideal, um eine Geschäftsbeziehung zu pflegen:

Oh, Mr Smith, how nice to hear   Schön, dass Sie anrufen, Herr Smith.
from you. How are things in   Wie läuft's denn bei Ihnen in London?
London?

Auch über das Wetter kann man immer sprechen:

How's the weather in London?   Wie ist das Wetter in London?

Meistens hört man *awful, rainy, cold and damp* als Antwort.

---

busy ['bɪzɪ]   beschäftigt, besetzt (Telefon)
I'm afraid he's busy at the   Es tut mir leid, aber er ist im Moment
moment.   beschäftigt.

unavailable [ʌnə'veɪləbl]   nicht erreichbar

engaged [ɪn'geɪdʒd]   besetzt (Telefon), beschäftigt
He is currently engaged.   Seine Leitung ist gerade besetzt.

hold on [həʊld 'ɒn]   am Apparat bleiben, warten

hold the line [həʊld ðə 'laɪn]   am Apparat bleiben
Please hold the line.   Bitte bleiben Sie am Apparat.

voice-mail ['vɔɪsmeɪl]   Voicemail

erase [ɪ'reɪz]   löschen
To erase your message press 3.   Um Ihre Nachricht zu löschen, drücken
                                        Sie die 3.

message ['mesɪdʒ]   Nachricht, Mitteilung

leave a message   eine Nachricht hinterlassen
[liːv ə 'mesɪdʒ]
Would you like to leave a message   Möchten Sie für Frau Wood eine
for Ms Wood?   Nachricht hinterlassen?

telephone conference   Telefonkonferenz
['telɪfəʊn 'kɒnfrəns]

text (message) [tekst ('mesɪdʒ)] — SMS

answering machine ['ɑːnsərɪŋ məˈʃiːn] — Anrufbeantworter

Please leave a message on my answering machine. — Bitte sprechen Sie auf meinen Anrufbeantworter.

tone [təʊn] — Signalton

Please speak after the tone. — Bitte sprechen Sie nach dem Signalton.

take a message [teɪk ə ˈmesɪdʒ] — etw. ausrichten

Can I take a message? — Kann ich etw. ausrichten?

note [nəʊt] — Notiz, Vermerk, sich notieren

I left her a note. — Ich habe ihr einen Zettel geschrieben.

spell [spel] — buchstabieren

Could you spell your name, please? — Könnten Sie bitte Ihren Namen buchstabieren?

capital A ['kæpɪtl eɪ] — großes A

small b [smɔːl biː] — kleines b

dot (.) [dɒt] — Punkt

slash (/) [slæʃ] — Schrägstrich

dash (-) [dæʃ] — Bindestrich

repeat [rɪˈpiːt] — wiederholen

Could you please repeat that? — Könnten Sie das bitte wiederholen?

 So reagieren Sie, wenn Sie den Anrufer nicht verstehen:

I'm sorry, the line is very bad. I'm afraid I missed what you said. Could you please speak up/louder/more clearly? — Es tut mir leid, aber die Verbindung ist sehr schlecht. Ich habe leider nicht alles mitbekommen. Könnten Sie bitte etwas lauter/klarer sprechen?

---

information [ɪnfəˈmeɪʃən] — Auskunft

details *pl* **of** [ˈdiːteɪlz əv] — Einzelheiten über

reason [ˈriːzn] — Grund

The reason I am calling is that I urgently need to talk to you about schedules. — Der Grund meines Anrufes ist, dass ich dringend mit Ihnen über die Zeitpläne sprechen muss.

question [ˈkwestʃən] — Frage, fragen

Do you have any other questions? — Haben Sie noch irgendwelche Fragen?

query ['kwɪərɪ]   (Rück-)Frage

make an appointment   einen Termin vereinbaren
[meɪk ən əˈpɔɪntmənt]
  Please make an appointment with   Bitte vereinbaren Sie einen Termin mit
  my assistant.   meinem Assistenten.

fix [fɪks]   festlegen
  Can we fix an appointment now?   Können wir jetzt einen Termin
      festlegen?

contact ['kɒntækt]   sich in Verbindung setzen mit,
      kontaktieren, Kontakt(person)

get in touch with   sich in Verbindung setzen mit
[get ɪn ˈtʌtʃ wɪð]
  I'll get in touch with you about the   Ich setze mich umgehend mit Ihnen
  export prices very soon.   wegen der Exportpreise in Verbindung.

end the call [end ðə ˈkɔːl]   das Gespräch beenden

goodbye [gʊdˈbaɪ]   auf Wiederhören

 Wenn Sie das Gespräch stilvoll und freundlich beenden möchten, sagen
Sie:

It's been a pleasure speaking to you.   Ich habe mich gefreut, mit Ihnen zu
      sprechen.

Thank you, you've been most helpful.   Vielen Dank, Sie haben mir sehr
      weitergeholfen.

Informeller und persönlicher dagegen ist z.B.:

Well, I'll let you get on with your   Ich halte Sie/dich schon zu lange
work, goodbye.   von der Arbeit ab. Auf Wiederhören.

Man antwortet:

You're welcome.   Bitte! Gern geschehen.

Thank you for calling.   Vielen Dank für Ihren Anruf.
[θæŋk juː fə ˈkɔːlɪŋ]

You're welcome. [jʊə ˈwelkəm]   gern geschehen, keine Ursache

Have a nice day! [hæv ə naɪs ˈdeɪ]   Einen schönen Tag noch!

regards *pl* [rɪˈgɑːdz]   Grüße
  Please give my regards to Ms Wood.   Bitte grüßen Sie Frau Wood von mir.

hang up [hæŋ ˈʌp]   auflegen

ring off [rɪŋ ˈɒf]   auflegen

1. Buchen und Reservieren

book [bʊk] — buchen, reservieren

booking ['bʊkɪŋ] — Buchung, Reservierung

reservation [rezə'veɪʃən] — Reservierung, Vorbestellung, Vorbehalt
Would you like to make a reservation? — Möchten Sie reservieren?

reserve [rɪ'zɜːv] — reservieren (lassen)

confirm a booking — eine Buchung bestätigen
[kən'fɜːm ə 'bʊkɪŋ]
Please confirm the booking by fax. — Bitte bestätigen Sie die Buchung per Fax.

make arrangements — Vorbereitungen treffen
[meɪk ə'reɪndʒmənts]

arrange a meeting — eine Besprechung vereinbaren
[ə'reɪndʒ ə 'miːtɪŋ]

schedule ['ʃedjuːl] — Zeitplan, Terminplan, planen, ansetzen
The meeting is scheduled for next week. — Die Besprechung ist für nächste Woche geplant.

scheduling ['ʃedjuːlɪŋ] — Terminplanung

diary ['daɪərɪ] — Terminkalender
I will put it in my diary. — Ich trage es in meinen Terminkalender ein.

check one's diary — im Terminkalender nachsehen
[tʃek wʌnz 'daɪərɪ]

travel agency ['trævl 'eɪdʒənsɪ] — Reisebüro

destination [destɪ'neɪʃən] — Reiseziel

arrival date [ə'raɪvl deɪt] — Ankunftsdatum

departure date [dɪ'pɑːtʃə deɪt] — Abreisedatum

itinerary [aɪ'tɪnərərɪ] — Reiseroute, Ablauf (einer Reise)

accommodation [əkɒmə'deɪʃən] — Unterkunft
Do we need accommodation during the trade fair? — Brauchen wir während der Messe Unterkunftsmöglichkeiten?

vacancies pl ['veɪkənsɪz] — freie Zimmer

fully booked ['fʊlɪ bʊkt] — ausgebucht

abroad [ə'brɔːd] — im/ins Ausland

overseas [əʊvə'siːz] — Übersee…, Auslands…, im Ausland

passport [ˈpɑːspɔːt]   Reisepass
valid [ˈvælɪd]   gültig
visa [ˈviːzə]   Visum
apply for a visa   ein Visum beantragen
[əˈplaɪ fər ə ˈviːzə]
city centre [ˈsɪtɪ ˈsentə]   Stadtzentrum
near [nɪə]   in der Nähe von
hotel facilities pl   Hoteleinrichtungen, -ausstattung
[həʊˈtel fəˈsɪlətɪz]
  We would like to have details of   Wir würden gerne Einzelheiten über die
  your hotel's sports facilities.   hoteleigenen Sportanlagen erfahren.
ticket [ˈtɪkɪt]   Fahrkarte
fare [feə]   Fahrpreis, Flugpreis
train ticket [treɪn ˈtɪkɪt]   Bahnfahrkarte
flight ticket [flaɪt ˈtɪkɪt]   Flugticket
single ticket [ˈsɪŋgl ˈtɪkɪt]   einfache Fahrt
return ticket [rɪˈtɜːn ˈtɪkɪt]   hin und zurück, Rückfahrkarte
  I would like a first class return   Ich möchte eine Fahrkarte erster Klasse
  ticket to Manchester.   nach Manchester, hin und zurück.
connection [kəˈnekʃən]   Verbindung, Anschluss
credit card [ˈkredɪt kɑːd]   Kreditkarte
business class [ˈbɪznɪs klɑːs]   erste Klasse, Business Klasse
economy class [ɪˈkɒnəmɪ klɑːs]   zweite Klasse
travel allowance   Reisekostenvergütung
[ˈtrævl əˈlaʊəns]
travelling expenses pl   Reisespesen
[ˈtrævəlɪŋ ɪkˈspensɪz]
  You can reclaim any travelling   Sie können jegliche Reisekosten
  expenses.   zurückfordern.
receipt [rɪˈsiːt]   Beleg, Quittung
reimburse [riːɪmˈbɜːs]   erstatten

2. Unterwegs

airport [ˈeəpɔːt]   Flughafen
airline [ˈeəlaɪn]   Fluglinie

flight [flaɪt]	Flug
scheduled flight [ˈʃedjuːld flaɪt]	Linienflug
connecting flight [kəˈnektɪŋ flaɪt]	Anschlussflug
My connecting flight leaves in one hour.	Mein Anschlussflug fliegt in einer Stunde ab.
non-stop flight [ˈnɒnstɒp flaɪt]	Direktflug
domestic flight [dəˈmestɪk flaɪt]	Inlandsflug
take off [teɪk ˈɒf]	abfliegen, abheben
land [lænd]	landen
delay [dɪˈleɪ]	Verspätung
The flight is delayed by two hours.	Der Flug hat zwei Stunden Verspätung.
cancel [ˈkænsl]	stornieren, absagen
All flights to Heathrow have been cancelled due to bad weather.	Wegen schlechten Wetters wurden alle Flüge nach Heathrow abgesagt.
terminal [ˈtɜːmɪnəl]	Terminal, Abfertigungsgebäude
check-in desk [ˈtʃekɪn desk]	Abfertigung(sschalter), Check-In-Schalter
arrival lounge [əˈraɪvl laʊndʒ]	Ankunftshalle
departure lounge [dɪˈpɑːtʃə laʊndʒ]	Abflughalle
disabled access [dɪsˈeɪbld ˈækses]	behindertengerechter Zugang
gate [geɪt]	Flugsteig
boarding pass [ˈbɔːdɪŋ pɑːs]	Bordkarte
You must show your boarding pass when entering the aircraft.	Sie müssen Ihre Bordkarte beim Einsteigen in die Maschine vorzeigen.
luggage *BE* [ˈlʌgɪdʒ], **baggage** *AE* [ˈbægɪdʒ]	Gepäck
baggage (re)claim [ˈbægɪdʒ (ˈriː)kleɪm]	Gepäckausgabe
hand luggage [hænd ˈlʌgɪdʒ]	Handgepäck
briefcase [ˈbriːfkeɪs]	Aktentasche
announcement [əˈnaʊnsmənt]	Durchsage, Ansage
surcharge [ˈsɜːtʃɑːdʒ]	Zuschlag, Aufpreis
The airline has increased its fuel surcharge.	Die Fluggesellschaft hat ihren Treibstoffzuschlag erhöht.
public transport [ˈpʌblɪk ˈtrænspɔːt]	öffentliche Verkehrsmittel

traffic [ˈtræfɪk]	Verkehr
train [treɪn]	Zug
train station [treɪn ˈsteɪʃən]	Bahnhof
railway [ˈreɪlweɪ]	(Eisen-)Bahn
platform *BE* [ˈplætfɔːm],	Bahnsteig, Gleis
track *AE* [træk]	
The train leaves from platform six.	Der Zug fährt von Bahnsteig sechs ab.

> *i* Im britischen Englisch wird für Bahnsteig/Gleis *platform* verwendet.
> Im amerikanischen Englisch spricht man dagegen von *track*.
> *The train is now leaving from track nine.*   Auf Gleis neun fährt ab …

catch a train [kætʃ ə ˈtreɪn]	einen Zug erreichen
miss a train [mɪs ə ˈtreɪn]	einen Zug verpassen
change trains [tʃeɪndʒ ˈtreɪnz]	umsteigen
I will have to change trains in Liverpool.	Ich muss in Liverpool umsteigen.
time of arrival [taɪm əv əˈraɪvl]	Ankunftszeit
expected time of arrival (ETA) [ɪksˈpektɪd taɪm əv əˈraɪvl]	voraussichtliche Ankunftszeit
actual time of arrival [ˈæktʃʊəl taɪm əv əˈraɪvl]	(tatsächliche) Ankunftszeit
time of departure [taɪm əv dɪˈpɑːtʃə]	Abflugzeit, Abfahrtszeit
waiting room [ˈweɪtɪŋ ruːm]	Wartesaal
timetable [ˈtaɪmteɪbl]	Fahrplan
first class [fɜːst ˈklɑːs]	erste Klasse(-Abteil)
supplement [ˈsʌplɪmənt]	Zuschlag
Passengers must pay a supplement for express trains.	Für Schnellzüge ist ein Zuschlag zu entrichten.
left-luggage office [leftˈlʌgɪdʒ ˈɒfɪs]	Gepäckaufbewahrung
left-luggage locker [leftˈlʌgɪdʒ ˈlɒkə]	Schließfach
reservation [resəˈveɪʃən]	Reservierung
compartment [kəmˈpɑːtmənt]	Abteil

non-smoking compartment [nɒnˈsməʊkɪŋ kəmˈpɑːtmənt]	Nichtraucherabteil
window seat [ˈwɪndəʊ siːt]	Fensterplatz
aisle seat [ˈaɪl siːt]	(zusätzlicher) Sitz im Gang
vacant [ˈveɪkənt]	frei, nicht besetzt
occupied [ˈɒkjʊpaɪd]	besetzt
taken [ˈteɪkən]	besetzt
bus [bʌs]	Bus
coach *BE* [kəʊtʃ]	Reisebus
car [kɑː]	Auto
hire a car [ˈhaɪər ə kɑː]	ein Auto mieten
car hire [kɑː ˈhaɪə]	Autovermietung
car rental [kɑː ˈrentl]	Autovermietung
driving licence *BE* [ˈdraɪvɪŋ ˈlaɪsɪns]	Führerschein
Do you have an international driving licence?	Haben Sie einen internationalen Führerschein?

 In den USA heißt *driver's license* „Führerschein". Er dient dort oft auch als Ausweis.

vehicle [ˈvɪːəkl]	Fahrzeug
insurance [ɪnˈʃʊərəns]	Versicherung
mileage charge [ˈmaɪlɪdʒ tʃɑːdʒ]	Kilometerpauschale
rental charge [ˈrentl tʃɑːdʒ]	Mietgebühr
What is the rental charge per day?	Wie hoch ist die Mietgebühr pro Tag?
right-hand drive car [ˈraɪthænd draɪv kɑː]	Rechtslenker
car park [ˈkɑː pɑːk]	Parkplatz
no parking [nəʊ ˈpɑːkɪŋ]	Parkverbot
motorway *BE* [ˈməʊtəweɪ]	Autobahn

 In den USA nennt man Autobahnen *interstate (highway)* oder *freeway*.

breakdown [ˈbreɪkdaʊn]	Panne

petrol *BE* [ˈpetrəl],   Benzin
gas *AE* [gæs]

 Der amerikanische Begriff *gas* ist die Verkürzung von *gasoline* für diesen
Treibstoff (*fuel*).

petrol station   Tankstelle
[ˈpetrəl ˈsteɪʃən]
diesel [ˈdiːzl]   Diesel(kraftstoff)
fill up [fɪl ˈʌp]   volltanken
unleaded (petrol)   bleifrei, bleifreies Benzin
[ʌnˈledɪd (ˈpetrəl)]
speed limit [spiːd ˈlɪmɪt]   erlaubte Höchstgeschwindigkeit
  The speed limit on British   Die erlaubte Höchstgeschwindigkeit auf
  motorways is 70 mph.   britischen Autobahnen beträgt 70 Meilen
                                            pro Stunde (112 km/h).

underground *BE* [ˈʌndəgraʊnd],   U-Bahn
subway *AE* [ˈsʌbweɪ]

 Die Londoner U-Bahn wird *the Tube* genannt. Sie ist die älteste Unter-
grundbahn der Welt.

taxi *BE* [ˈtæksɪ], cab *AE* [kæb]   Taxi
taxi rank [ˈtæksɪ ræŋk]   Taxistand

3. Im Hotel

hotel reception   Rezeption, Empfang
[həʊˈtel rɪˈsepʃən]
check in [tʃek ˈɪn]   einchecken, sich anmelden
check out [tʃek ˈaʊt]   abreisen
single room [ˈsɪŋgl ruːm]   Einzelzimmer
double room [ˈdʌbl ruːm]   Doppelzimmer
  Please quote us for three double   Bitte nennen Sie uns Ihren Tarif für drei
  rooms on a bed and breakfast   Doppelzimmer mit Übernachtung und
  basis for a period of four nights.   Frühstück für vier Nächte.

bed and breakfast (B&B)
[bed ən ˈbrekfəst]
half-board [hɑːfˈbɔːd]
en suite room [ɒn ˈswiːt ruːm]
floor [flɔː]
bill [bɪl], **check** *AE* [tʃek]
  Please send all bills to our
  company.
settle the bill [ˈsetl ðə bɪl]
price per night [praɪs pə ˈnaɪt]
corporate rates *pl*
[ˈkɔːpərət reɪts]
  Please let us have details of your
  corpcrate rates for the
  accommodation requested.
stay [steɪ]
room key [ˈruːm kiː]
lift *BE* [lɪft],
elevator *AE* [ˈeləveɪtə]
restaurant [ˈrestrɒnt]
menu [ˈmenjuː]
breakfast [ˈbrekfəst]

Zimmer mit Frühstück, Übernachtung
und Frühstück
Halbpension
Zimmer mit Bad
Etage
Rechnung
  Bitte schicken Sie alle Rechnungen an
  unsere Firma.
die Rechnung begleichen
Preis pro Übernachtung
Firmentarife

  Bitte schicken Sie uns für die gewünschte
  Unterbringung Einzelheiten Ihrer
  Firmentarife.
Aufenthalt
Zimmerschlüssel
Aufzug

Restaurant
Speisekarte
Frühstück

> *i* Beim Hotelfrühstück kann man meist wählen zwischen einem *continental breakfast* mit Kaffee, Brötchen, Müsli usw. und einem warmen *full English breakfast*, das *sausages, fried or scrambled eggs, bacon, fried mushrooms, grilled tomatoes, baked beans* und oft auch *kippers* (warme Räuchermakrelen) sowie mehrere Scheiben *toast* mit *marmalade* (Bitterorangenmarmelade) umfasst.

breakfast buffet
[ˈbrekfəst ˈbʊfeɪ]
included [ɪnˈkluːdəd]
opening times *pl*
[ˈəʊpnɪŋ taɪmz]
  What are the opening times for the
  hotel restaurant?

Frühstücksbuffet

eingeschlossen, inbegriffen
Öffnungszeiten

  Wann hat das Hotelrestaurant geöffnet?

lounge bar ['laʊndʒ bɑ:]   Bar
room service [ru:m 'sɜ:vɪs]   Zimmerservice
parking facilities *pl*   Parkplätze
['pɑ:kɪŋ fə'sɪləti:z]
equipped with [ɪ'kwɪpt wɪð]   ausgestattet mit
tip [tɪp]   Trinkgeld
porter ['pɔ:tə]   Portier, Hoteldiener

4. Geschäftsessen/Small Talk

business lunch ['bɪznəs lʌntʃ]   Geschäftsessen (Mittag)
dinner ['dɪnə]   Geschäftsessen (Abend)
invite [ɪn'vaɪt]   einladen
invitation [ɪnvɪ'teɪʃən]   Einladung
accept an invitation   eine Einladung annehmen
[ək'sept ən ɪnvɪ'teɪʃən]
turn down an invitation   eine Einladung ablehnen
[tɜ:n daʊn ən ɪnvɪ'teɪʃən]
  Due to my busy schedule, I'm sorry   Auf Grund meines vollen Terminkalen-
  I must turn down your kind invi-   ders muss ich Ihre freundliche Einladung
  tation to lunch.   zum Mittagessen leider ablehnen.
restaurant ['restrɒnt]   Restaurant
book a table [bʊk ə 'teɪbl]   einen Tisch reservieren
hospitality [hɒspɪ'tæləti]   Gastfreundlichkeit
handshake ['hændʃeɪk]   Handschlag, Händeschütteln
meet [mi:t]   sich treffen, kennenlernen
  Let's meet in the bar at 8 p.m.   Treffen wir uns um 20 Uhr in der Bar.
introduce o.s. [ɪntrə'dju:s]   sich vorstellen
  I don't think we've met. Please   Ich glaube, wir kennen uns noch
  allow me to introduce myself.   nicht. Darf ich mich Ihnen deshalb
                                             vorstellen.

introduce sb.   jmd. vorstellen
[ɪntrə'dju:s 'sʌmbədɪ]
  May I introduce ...?   Darf ich ... vorstellen?
on first-name terms   per Du
[ɒn 'fɜ:stneɪm tɜ:mz]

> *i* Wenn Sie sich bei einem englischsprachigen Geschäftspartner vorstellen, nennen Sie Ihren Vor- und Nachnamen. Seien Sie nicht überrascht, wenn Sie gleich mit dem Vornamen angesprochen werden. Dies ist durchaus üblich, auch bei Geschäftstelefonaten.

be pleased [bɪ ˈpliːzd]
sich freuen

I'm very pleased to meet you.
Angenehm (Ihre Bekanntschaft zu machen).

business card [ˈbɪznəs kɑːd]
Geschäftskarte, Visitenkarte

seating plan [ˈsiːtɪŋ plæn]
Sitzplan, Sitzordnung

drinks *pl* [drɪŋks]
Getränke

Would you like to order some drinks?
Möchten Sie Getränke bestellen?

starter [ˈstɑːtə]
Vorspeise

main course [ˈmeɪn kɔːs]
Hauptgang, Hauptgericht

dessert [dɪˈzɜːt]
Nachtisch

bill [bɪl], **check** *AE* [tʃek]
Rechnung

Could I have the bill, please?
Die Rechnung bitte.

credit card [ˈkredɪt kɑːd]
Kreditkarte

I would like to pay by credit card.
Ich möchte mit Kreditkarte bezahlen.

small talk [ˈsmɔːl tɔːk]
Small Talk, Tischgespräch

Suitable subjects for small talk are weather, travel and accommodation.
Passende Themen für den Small Talk sind das Wetter, Reisen und die Unterkunft.

a pleasant flight [ə ˈpleznt flaɪt]
ein angenehmer Flug

Did you have a pleasant flight?
Hatten Sie einen angenehmen Flug?

a comfortable hotel
[ə ˈkʌmftəbl həʊˈtel]
ein angenehmes Hotel, eine gute Unterbringung

weather [ˈweðə]
Wetter

The weather is unusually warm for this time of year.
Das Wetter ist ungewöhnlich warm für diese Jahreszeit.

sight [saɪt]
Sehenswürdigkeit

Are there any famous sights which I could visit?
Gibt es hier bekannte Sehenswürdig-keiten, die ich besuchen könnte?

1. Grundbegriffe

economy [ɪˈkɒnəmɪ]
The world economy is in good shape.

Wirtschaft, Ökonomie
Die Weltwirtschaft läuft gut.

industrial economy
[ɪnˈdʌstrɪəl ɪˈkɒnəmɪ]

Industriewirtschaft

global economy
[ˈgləʊbəl ɪˈkɒnəmɪ]

Weltwirtschaft

free market economy
[friː ˈmɑːkɪt ɪˈkɒnəmɪ]

freie Marktwirtschaft

social market economy
[ˈsəʊʃəl ˈmɑːkɪt ɪˈkɒnəmɪ]

soziale Marktwirtschaft

national economy
[ˈnæʃənəl ɪˈkɒnəmɪ]

Volkswirtschaft

world economy [wɜːld ɪˈkɒnəmɪ]

Weltwirtschaft

 Staaten werden wirtschaftlich nach verschiedenen Entwicklungsstadien gruppiert. Die wichtigsten Kategorien sind:

industrial country	Industrieland
developed country	Industrieland
developing country	Entwicklungsland
newly industrialised country	Schwellenland

economics [iːkəˈnɒmɪks]

Volkswirtschaftslehre, Ökonomie

economist [ɪˈkɒnəmɪst]
Keynes was a famous economist.

Volkswirtschaftler(in)
Keynes war ein berühmter Volkswirtschaftler.

globalization [gləʊbəlaɪˈzeɪʃən]
Globalization presents numerous challenges.

Globalisierung
Die Globalisierung stellt uns vor zahlreiche Herausforderungen.

global market [ˈgləʊbəl ˈmɑːkɪt]

globaler Markt

domestic [dəˈmestɪk]

Innen…, Inlands…, Binnen…

home market [həʊm ˈmɑːkɪt]

Binnenmarkt

protectionism [prəˈtekʃənɪzm]
Import duties are a form of protectionism.

Protektionismus
Einfuhrzölle sind eine Art Protektionismus.

economize [ɪˈkɒnəmaɪz]
The factory will have to economize on manpower due to rising wage levels.

haushalten, sparen
Auf Grund steigender Löhne wird die Fabrik Arbeitskräfte einsparen müssen.

economy measure [ɪˈkɒnəmɪ ˈmeʒə]

Sparmaßnahme

economy drive [ɪˈkɒnəmɪ draɪv]

Sparkurs

economic/al [iːkəˈnɒmɪk/əl]
This fridge has especially economical energy consumption.

wirtschaftlich, sparsam, rentabel
Dieser Kühlschrank hat einen besonders sparsamen Energieverbrauch.

 Economical oder *economic* bedeuten beide „wirtschaftlich" und „preiswert". In Zusammensetzungen, wie z.B. *economic figures* (die Wirtschaftszahlen) oder *economic targets* (Wirtschaftsziele), wird nur *economic* verwendet und zwar in der Bedeutung „wirtschaftlich". Bei Zusammensetzungen heißt es dann „Wirtschafts…".

uneconomical [ʌniːkəˈnɒmɪkəl]
It would be uneconomical to repair this printer.

unwirtschaftlich, unökonomisch

Es wäre unwirtschaftlich, diesen Drucker zu reparieren.

profitability [prɒfɪtəˈbɪlɪtɪ]

Rentabilität

profitable [ˈprɒfɪtəbl]
We focus on our most profitable businesses.

rentabel
Wir konzentrieren uns auf unsere rentabelsten Geschäfte.

 Es gibt verschiedene Synonyme für *profitable*, z. B.:
productive
rewarding
remunerative
lucrative

produktiv, ertragreich
lohnend
einträglich
lukrativ

unprofitable [ʌnˈprɒfɪtəbl]

wenig einträglich, unrentabel

sustainable [səsˈtaɪnəbl]

nachhaltig

financial crisis [faɪˈnenʃəl ˈkraɪsɪs]

Finanzkrise

division of labour [dɪˈvɪʒən əv ˈleɪbə]

Arbeitsteilung

2. Wirtschaftspolitik/Volkswirtschaftslehre

economic policy
[iːkəˈnɒmɪk ˈpɒləsɪ]

Wirtschaftspolitik

economic indicators *pl*
[iːkəˈnɒmɪk ˈɪndɪkeɪtəz]

Wirtschaftsindikatoren

balance of trade
[ˈbæləns əv ˈtreɪd]

Handelsbilanz

balance of payments
[ˈbæləns əv ˈpeɪmənts]
  A country's balance of payments
  covers all economic transactions
  with all other countries.

Zahlungsbilanz

  Die Zahlungsbilanz eines Landes
  beinhaltet alle wirtschaftlichen
  Aktivitäten mit allen anderen Ländern.

trade surplus [treɪd ˈsɜːpləs]

Handelsüberschuss

trade deficit [treɪd ˈdefɪsɪt]

Handelsdefizit

net [net]

netto, Netto…

gross [grəʊs]

brutto, Brutto…

Gross Domestic Product (GDP)
[grəʊs dəˈmestɪk ˈprɒdʌkt]
  In 2016 GDP rose by 4%.

Bruttoinlandsprodukt

  2016 stieg das Bruttoinlandsprodukt
  um 4 %.

Gross National Product (GNP)
[grəʊs ˈnæʃənəl ˈprɒdʌkt]

Bruttosozialprodukt

inflation [ɪnˈfleɪʃən]
  Inflation erodes the value of
  savings.

Inflation
  Die Inflation zehrt den Wert von
  Spargeldern auf.

inflation rate [ɪnˈfleɪʃən reɪt]

Inflationsrate

curb inflation [kɜːb ɪnˈfleɪʃən]
  The central bank has taken steps
  to curb the rising inflation.

die Inflation zügeln
  Die Zentralbank hat Schritte unter-
  nommen, um die steigende Inflation zu
  zügeln.

deflation [dɪˈfleɪʃən]

Deflation

adjust [əˈdʒʌst]
  The figures have been adjusted
  for inflation.

anpassen, angleichen
  Die Zahlen sind inflationsbereinigt.

unemployment [ʌnɪmˈplɔɪmənt]

Arbeitslosigkeit

market forces *pl* [ˈmɑːkɪt ˈfɔːsɪz]

Marktkräfte

3. Wirtschaftssektoren

sector [ˈsektə]   Sektor, Branche
primary sector [ˈpraɪmərɪ ˈsektə]   primärer Wirtschaftssektor
agriculture [ˈægrɪkʌltʃə]   Landwirtschaft, Ackerbau
agricultural [ægrɪˈkʌltʃərəl]   landwirtschaftlich
farming [ˈfɑːmɪŋ]   Landwirtschaft
mining industry   Bergbau
[ˈmaɪnɪŋ ˈɪndʌstrɪ]
secondary sector   sekundärer Wirtschaftssektor
[sekəndərɪ ˈsektə]
industry [ˈɪndəstrɪ]   Industrie, Branche
industrial [ɪnˈdʌstrɪəl]   industriell, Industrie…
manufacturing sector   sekundärer Sektor
[mænjuˈfæktʃərɪŋ ˈsektə]
manufacture [mænjuˈfæktʃə]   Herstellung, herstellen, produzieren
production [prəˈdʌkʃən]   Herstellung, Produktion
semi-finished goods *pl*   Halberzeugnisse
[ˈsemɪfɪnɪʃt gʊdz]
finished product [ˈfɪnɪʃt ˈprɒdʌkt]   Endprodukt, Fertigprodukt
The finished product must be free   Das Endprodukt muss fehlerfrei sein.
from defects.
tertiary sector [ˈtɜːʃərɪ ˈsektə]   tertiärer Sektor
service [ˈsɜːvɪs]   Dienstleistung
service sector [ˈsɜːvɪs ˈsektə]   Dienstleistungssektor

 Beispiele für Dienstleistungsbereiche sind z.B.:
wholesale and retail   Groß- und Einzelhandel
tourism   Tourismus
transport   Transportwesen
broadcasting media   Rundfunk und Fernsehen
event and conference   Veranstaltungs- und Eventorganisation
organisation
healthcare   Gesundheitsvorsorge
banking and insurance   Bank- und Versicherungswesen
education and training   Aus- und Weiterbildung
advertising and marketing   Werbung und Marketing

public sector [ˈpʌblɪk ˈsektə]   öffentlicher Sektor
private sector [ˈpraɪvɪt ˈsektə]   Privatwirtschaft

4. Konjunktur

economic cycle   Konjunktur(zyklus)
[iːkəˈnɒmɪk ˈsaɪkl]
economic upturn   Konjunkturbelebung
[iːkəˈnɒmɪk ˈʌptɜːn]
economic boom   Konjunkturaufschwung
[iːkəˈnɒmɪk buːm]
boom [buːm]   Aufschwung, Hochkonjunktur
  China had experienced an   Die chinesische Wirtschaft hatte einen
  economic boom.   Aufschwung erlebt.
boost [buːst]   ankurbeln, fördern
  Tax cuts can boost the economy.   Steuersenkungen können die Wirtschaft
      ankurbeln.

grow [grəʊ]   wachsen, zunehmen
growth [grəʊθ]   Wachstum, Zunahme
economic growth   Wirtschaftswachstum
[iːkəˈnɒmɪk ˈgrəʊθ]
  Since 2013 the country has en-   Seit 2013 erfreut sich das Land
  joyed steady economic growth.   eines kontinuierlichen Wirtschafts-
      wachstums.

 Man spricht von der Konjunktur oft wie von einem Patienten:
The economy is ailing.   Die Wirtschaft kränkelt momentan.
The economy is now stable.   Die Wirtschaftslage ist jetzt stabil.
The economic figures are   Die Wirtschaftszahlen zeigen sich
showing signs of weakness.   schwach.
The economy is recovering   Die Wirtschaft erholt sich
slowly/is recuperating.   langsam/gesundet.

growth rate [ˈgrəʊθ reɪt]   Wachstumsrate
year's high [jɪəz ˈhaɪ]   Jahreshöchststand
peak [piːk]   Hochpunkt, den Höhepunkt erreichen

soar [sɔː]
  Profits have soared this year.

in die Höhe schnellen
  Die Gewinne sind dieses Jahr in die
  Höhe geschnellt.

remain stable [rɪˈmeɪn ˈsteɪbl]
stabil bleiben

stability [stəˈbɪlɪtɪ]
Stabilität

economic stagnation
[iːkəˈnɒmɪk stæɡˈneɪʃən]
Wirtschaftsstagnation

economic downturn
[iːkəˈnɒmɪk ˈdaʊntɜːn]
Konjunkturrückgang, Abschwung

economic slump
[iːkəˈnɒmɪk slʌmp]
Konjunktureinbruch

slump [slʌmp]
  Sales have really slumped recently.

drastisch zurückgehen, Einbruch
  Vor Kurzem sind die Umsätze drastisch
  zurückgegangen.

recession [rɪˈseʃən]
Rezession

lull [lʌl]
Flaute

low [ləʊ]
niedrig, gering, Tiefstand

tackle [tækl]
  The government is tackling the
  problem of low growth.

angehen, in Angriff nehmen
  Die Regierung geht das Problem des
  niedrigen Wachstums an.

bottom [ˈbɒtəm]
Tiefpunkt, Tiefstand

bottom out [ˈbɒtəm ˈaʊt]
den Tiefpunkt erreichen

  When will the market bottom out?
  Wann wird der Markt den Tiefpunkt
  erreichen?

decline [dɪˈklaɪn]
zurückgehen, ablehnen

decline in prices
[dɪˈklaɪn ɪn ˈpraɪsəz]
Preisverfall

decrease [ˈdɪkriːs]
Abnahme, Rückgang

decrease in demand
[ˈdɪkriːs ɪn dɪˈmɑːnd]
Nachfragerückgang

decrease [dɪˈkriːs]
abnehmen, nachlassen

fall [fɔːl]
  Demand has fallen significantly.

Rückgang, zurückgehen, sinken, fallen
  Die Nachfrage ist stark gesunken.

rally [ˈrælɪ]
Aufschwung, Erholung

recover [rɪˈkʌvə]
  Exports recovered in the first
  quarter.

sich erholen
  Im ersten Quartal erholten sich die
  Exportzahlen.

economic recovery
[iːkəˈnɒmɪk rɪˈkʌvərɪ]

Konjunkturaufschwung, Erholung

stage a recovery
[ˈsteɪdʒ ə rɪˈkʌvərɪ]

sich erholen, eine Erholung einleiten

reflate [riːˈfleɪt]

ankurbeln

reflation [riːˈfleɪʃən]

Reflation, Ankurbelung der Konjunktur

economic forecast
[iːkəˈnɒmɪk ˈfɔːkɑːst]

Konjunkturprognose

Their economic forecast for the
third quarter is positive.

Ihre Konjunkturprognose für das dritte
Quartal ist positiv.

short-term forecast
[ˈʃɔːttɜːm ˈfɔːkɑːst]

kurzfristige Prognose

long-term forecast
[ˈlɒŋtɜːm ˈfɔːkɑːst]

langfristige Prognose

make a forecast
[meɪk ə ˈfɔːkɑːst]

voraussagen

predict [prɪˈdɪkt]

vorhersagen

The reports predict a decrease
in demand.

Die Berichte sagen einen Nachfragerückgang voraus.

make a prediction
[meɪk ə prɪˈdɪkʃən]

eine Vorhersage machen

economic outlook
[iːkəˈnɒmɪk ˈautlʊk]

Konjunkturaussichten

The outlook for the world economy
is strong.

Die Aussichten für die Weltwirtschaft
sind gut.

quarter [ˈkwɔːtə]

Quartal, Viertel

trend [trend]

Verlauf, Entwicklung

upward trend [ˈʌpwəd trend]

Aufwärtsbewegung, Konjunkturanstieg

The economy has shown an
upward trend of late.

Die Wirtschaft hat kürzlich einen
Aufwärtstrend aufgewiesen.

show a trend [ʃəu ə ˈtrend]

einen Trend zeigen

downward trend
[ˈdaunwəd trend]

Abwärtstrend

The economy is showing a
downward trend.

Die Wirtschaft weist einen Abwärtstrend
auf.

economic crisis
[iːkəˈnɒmɪk ˈkraɪsɪs]

Wirtschaftskrise

trade [treɪd] — Handel, handeln
retail trade [ˈriːteɪl ˈtreɪd] — Einzelhandel
wholesale trade — Großhandel
[ˈhəʊseɪl ˈtreɪd]
foreign trade [ˈfɒrən ˈtreɪd] — Außenhandel
export trade [ˈekspɔːt ˈtreɪd] — Ausfuhrhandel, Exporthandel
import trade [ˈɪmpɔːt ˈtreɪd] — Einfuhrhandel, Importhandel
trade balance [ˈtreɪd ˈbæləns] — Handelsbilanz
market [ˈmɑːkɪt] — Markt
domestic market — Binnenmarkt
[dəˈmestɪk ˈmɑːkɪt]
home market [həʊm ˈmɑːkɪt] — Binnenmarkt
foreign market [ˈfɒrən ˈmɑːkɪt] — Auslandsmarkt
come onto the market — auf den Markt kommen
[kʌm ˈɒntə ðə ˈmɑːkɪt]
  A new software package has just — Ein neues Softwarepaket ist gerade auf
  come onto the market. — den Markt gekommen.
launch (onto the market) — auf den Markt bringen, einführen
[lɔːntʃ (ˈɒntə ðə ˈmɑːkɪt)]
merchant [ˈmɜːtʃənt] — Kaufmann/Kauffrau, Händler(in)
mercantile [ˈmɜːkəntaɪl] — handeltreibend, Handels…
illicit trade [ɪˈlɪsɪt treɪd] — Schwarzhandel
  The illicit trade in drugs is hard to — Der Drogenhandel ist schwer zu
  prevent. — verhindern.

1. Ankauf und Verkauf

buy [baɪ] — kaufen
buyer [ˈbaɪə] — Käufer(in), Abnehmer(in)
ultimate buyer [ˈʌltɪmət ˈbaɪə] — Endabnehmer(in)
deal [diːl] — Geschäft, Handel, Abkommen
  The deal has been called off. — Das Geschäft wurde abgesagt.
dealer [ˈdiːlə] — Händler(in)
  His father was an antiques dealer. — Sein Vater war Antiquitätenhändler.
bargain [ˈbɑːgɪn] — Handel, Geschäft, Schnäppchen, feilschen, (aus)handeln

This car was a real bargain. — Dieses Auto war ein echtes Schnäppchen.

purchase ['pɜːtʃəs] — Kauf, Anschaffung, kaufen
purchase price ['pɜːtʃəs 'praɪs] — Kaufpreis
purchase costs *pl* ['pɜːtʃəs kɒsts] — Anschaffungskosten
purchase quantity ['pɜːtʃəs 'kwɒntəti] — Abnahmemenge
purchaser ['pɜːtʃəsə] — Käufer(in)
purchasing power ['pɜːtʃəsɪŋ 'pauə] — Kaufkraft

 Mit dem Begriff *purchasing power* wird der Wert des Geldes in Bezug auf seine Kaufkraft bezeichnet. Angezeigt wird, was und wie viel dem Konsumenten noch von seinem Gehalt für haushaltsübliche Einkäufe bleiben. Bei steigender Inflation nimmt die Kaufkraft ab.

sell [sel] — verkaufen, sich verkaufen lassen
seller ['selə] — Verkäufer(in)
The seller might reduce the price or offer us a discount. — Vielleicht wird der Verkäufer den Preis reduzieren bzw. uns einen Rabatt einräumen.

sale [seɪl] — Verkauf, Abschluss
I haven't made a sale today. — Heute habe ich keinen Abschluss gemacht.

for sale [fə 'seɪl] — zu verkaufen, zum Verkauf
forced sale ['fɔːst seɪl] — Zwangsverkauf
sales *pl* [seɪlz] — Absatz, Verkauf, Vertrieb
saleable ['seɪləbl] — absatzfähig, marktfähig, verkäuflich
supplier [sə'plaɪə] — Lieferant(in)
key supplier [kiː sə'plaɪə] — Hauptlieferant(in)
We collaborate closely with our key supplier. — Wir arbeiten eng mit unserem Hauptlieferanten zusammen.

key customer [kiː 'kʌstəmə] — Großkunde, Hauptkunde
bulk [bʌlk] — Großmenge, Gros, Masse
Buying in bulk usually produces cost savings. — Der Massenkauf führt normalerweise zu Kosteneinsparungen.

2. Preise und Zahlungsbedingungen

price [praɪs]	Preis, Kurs
price tag ['praɪs tæg]	Preisschild
market price ['mɑːkɪt praɪs]	Marktpreis
list price ['lɪst praɪs]	Listenpreis
total price ['təʊtl praɪs]	Gesamtpreis
wholesale price ['həʊlseɪl praɪs]	Großhandelspreis
trade price ['treɪd praɪs]	Händlerpreis
resale price ['riːseɪl praɪs]	Wiederverkaufspreis
retail price ['riːteɪl praɪs]	Einzelhandelspreis
net price ['net praɪs]	Nettopreis
competitive price [kəm'petɪtɪv praɪs]	konkurrenzfähiger Preis
pricing ['praɪsɪŋ]	Preisfestsetzung, Preisgestaltung
reduction [rɪ'dʌkʃən]	Verminderung, Herabsetzung
price reduction [praɪs rɪ'dʌkʃən]	Preisnachlass
We grant a five per cent price reduction on these goods.	Wir gewähren Ihnen einen fünfprozentigen Preisnachlass auf diese Waren.
reduce [rɪ'djuːs]	herabsetzen, reduzieren
price increase [praɪs 'ɪŋkriːs]	Preiserhöhung
set a price ['set ə praɪs]	einen Preis festlegen
expensive [ɪk'spensɪv]	teuer
inexpensive [ɪnɪk'spensɪv]	günstig, preiswert
cheap [tʃiːp]	billig
spend money [spend 'mʌnɪ]	Geld ausgeben
discount ['dɪskaʊnt]	Rabatt
I was offered a 20 per cent discount.	Mir wurde ein 20-prozentiger Rabatt angeboten.
trade discount [treɪd 'dɪskaʊnt]	Händlerrabatt
cash discount [kæʃ 'dɪskaʊnt]	Skonto

 Einen *cash discount* bekommt der Käufer, wenn er eine Rechnung sofort bezahlen kann. Oft wird dieser Preisnachlass abgekürzt, z.B. 10/2% (2% Rabatt bei Zahlung innerhalb von 10 Tagen).

quantity discount
['kwɒntɪtɪ 'dɪskaʊnt]
  Do you offer a quantity discount?   Mengenrabatt

                   Gewähren Sie einen Mengenrabatt?

grant [grɑːnt]   gewähren, bewilligen
grant a discount   einen Rabatt gewähren
[grɑːnt ə 'dɪskaʊnt]
claim a discount   einen Rabatt fordern
[kleɪm ə 'dɪskaʊnt]
guarantee [gærən'tiː]   Garantie, Bürgschaft, garantieren
  Our products are covered by a   Unsere Produkte haben eine zweijährige
  two-year guarantee.   Garantie.
expire [ɪk'spaɪə]   ablaufen, fällig werden
  The guarantee expires in six weeks.   Die Garantie läuft in sechs Wochen ab.
expiry date [ɪks'paɪrɪ deɪt]   Verfallsdatum, Fälligkeitstag
mark-down ['mɑːkdaʊn]   Preissenkung
mark-up ['mɑːkʌp]   Preiserhöhung, Preisaufschlag
pay [peɪ]   bezahlen, zahlen
payment ['peɪmənt]   Zahlung, Bezahlung
advance payment   Vorauszahlung
[əd'vɑːns 'peɪmənt]
  Customers are required to make   Kunden müssen eine Vorauszahlung
  an advance payment.   leisten.
deferred payment   Ratenzahlung
[dɪ'fɜːd 'peɪmənt]
deposit [dɪ'pɒzɪt]   Anzahlung, Kaution
down payment *AE*   Anzahlung
[daʊn 'peɪmənt]

 Im amerikanischen Englisch verwendet man *down payment*. Im britischen Englisch übersetzt man „Anzahlung" auch mit *deposit*. *Deposit* kann allerdings auch eine „(rückzahlbare) Kaution" oder „Pfandzahlung" bedeuten.

payment in full ['peɪmənt ɪn fʊl]   vollständige Bezahlung
means of payment   Zahlungsmittel
[miːnz əv 'peɪmənt]
cash on delivery   Zahlung per Nachnahme
[kæʃ ɒn dɪ'lɪvərɪ]

hire purchase *BE* [ˈhaɪə ˈpɜːtʃɪs],   Ratenkauf
installment plan *AE*
[ɪnˈstɔːlmənt plæn]
instalment [ɪnˈstɔːlmənt]   Rate
monthly instalment   monatliche Teilzahlungsrate
[ˈmʌnθlɪ ɪnˈstɔːlmənt]
overdue [əʊvəˈdjuː]   überfällig
   Payment is now long overdue.   Die Zahlung ist längst überfällig.
prepaid [priːˈpeɪd]   vorausbezahlt, im Voraus bezahlt
prepay [priːˈpeɪ]   im Voraus bezahlen
prepayable [priːˈpeɪəbl]   im Voraus zu bezahlen
receipt [rɪˈsiːt]   Eingang, Erhalt, Quittung, Beleg
   Keep your receipt as proof of   Bewahren Sie Ihre Quittung als
   purchase.   Kaufnachweis auf.
bill [bɪl]   Rechnung, Abrechnung, in Rechnung
     stellen

invoice [ˈɪnvɔɪs]   Rechnung, Faktura, in Rechnung stellen,
     fakturieren

   You should specify your bank   Sie sollten auf der Rechnung Ihre
   details on the invoice.   Bankverbindung angeben.
settle the invoice   die Rechnung begleichen
[setl ðɪ ˈɪnvɔɪs]
commercial invoice   Handelsrechnung
[kəˈmɜːʃl ˈɪnvɔɪs]
remittance [rɪˈmɪtəns]   Überweisung
   Please settle the invoice amount   Bitte überweisen Sie den Rechnungs-
   by remittance within two weeks.   betrag innerhalb von zwei Wochen.
charge [tʃɑːdʒ]   Gebühr, Kosten, berechnen
chargeable to [ˈtʃɑːdʒəbl tu]   zu Lasten von, auf Kosten von
overcharge [əʊvəˈtʃɑːdʒ]   zu viel berechnen
letter of credit   Akkreditiv, Kreditbrief
[ˈletər əv ˈkredɪt]

 Ein *letter of credit* als Zahlungsbedingung wird im Außenhandel als sehr
sicher betrachtet, da zwei Banken eine Garantie geben, dass die Rechnung
des Exporteurs beglichen wird.

bank transfer ['bæŋk 'trænsfɜː]　　Überweisung
cheque *BE,* **check** *AE* [tʃek]　　Scheck
　Don't forget to sign the cheque.　　Vergessen Sie nicht, den Scheck zu
　　　　　unterschreiben.

crossed cheque ['krɒst tʃek]　　Verrechnungsscheck
promissory note　　Schuldschein
[prɒ'mɪsərɪ nəʊt]

3. Anfrage, Angebot und Auftrag

enquiry *BE* [ɪn'kwaɪrɪ]　　Anfrage

 Im amerikanischen Englisch schreibt man für Anfrage *inquiry*. Im britischen
Englisch aber bedeutet *inquiry* eher „Untersuchung" (*investigation*):
The police have opened a　　Die Polizei untersucht jetzt den
murder inquiry.　　Mordfall.

enquire about　　anfragen, sich erkundigen
[ɪn'kwaɪə ə'baʊt]
　We would like to enquire about　　Wir möchten uns über Ihr Sortiment an
　your range of office furniture.　　Büromöbeln erkundigen.
offer ['ɒfə]　　Angebot, anbieten
　We have to decline your offer.　　Wir müssen Ihr Angebot ablehnen.
make an offer for　　ein Angebot machen für
['meɪk ən 'ɒfə fɔː]
firm offer [fɜːm 'ɒfə]　　Festangebot
binding offer ['baɪndɪŋ 'ɒfə]　　verbindliches Angebot
offer without engagement　　unverbindliches Angebot
['ɒfə wɪð'aʊt ɪn'geɪdʒmənt]
special offer ['speʃl 'ɒfə]　　Sonderangebot
subject to availability　　solange der Vorrat reicht
['sʌbdʒɪkt tuː əveɪlə'bɪlɪtɪ]
　This offer is subject to availability.　　Angebot gültig solange Vorrat reicht.
counter-offer　　Gegenangebot
['kaʊntərɒfə]
quotation [kwəʊ'teɪʃən]　　Kostenvoranschlag, Angebot

quote [kwəʊt]

  I can quote you a good price for this job.

estimate [ˈestɪmət]

estimate of costs

[ˈestɪmət əv ˈkɒsts]

  We can only give you a rough estimate of costs for this service.

deadline [ˈdedlaɪn]

  The deadline for offers is next Friday.

angeben, nennen (Preis)

  Ich kann Ihnen einen guten Preis für diese Arbeit machen.

Schätzung, schätzen

Kostenvoranschlag

  Wir können Ihnen nur einen groben Kostenvoranschlag für diese Dienstleistung geben.

letzter Termin, Frist

  Der letzte Termin für Angebote ist nächsten Freitag.

 Mit *deadline* (Frist) verwendet man häufig folgende Verben: *to keep, to observe* (einhalten), *to extend, to prolong* (verlängern), *to miss* (verpassen).

demand [dɪˈmɑːnd]

  Demand for organic food is on the rise.

supply [səˈplaɪ]

supply and demand

[səˈplaɪ ənd dɪˈmɑːnd]

order [ˈɔːdə]

  They have ordered a new fleet of cars.

order number [ˈɔːdə ˈnʌmbə]

date of order [deɪt əv ˈɔːdə]

place an order [pleɪs ən ˈɔːdə]

process an order

[ˈprəʊses ən ˈɔːdə]

cancel an order

[ˈkænsl ən ˈɔːdə]

confirm an order

[kənˈfɜːm ən ˈɔːdə]

  We are pleased to confirm your order for office furniture.

Forderung, Nachfrage, fordern

  Die Nachfrage nach Bio-Lebensmittelr steigt.

Angebot, liefern

Angebot und Nachfrage

Auftrag, Bestellung, bestellen

  Sie haben eine neue Autoflotte bestellt.

Auftragsnummer, Bestellnummer

Auftragsdatum

einen Auftrag erteilen

einen Auftrag ausführen, bearbeiten

einen Auftrag stornieren

einen Auftrag bestätigen

  Wir freuen uns, Ihren Auftrag über Büromöbel zu bestätigen.

Im Geschäftsenglisch kann man „bestätigen" entweder mit *confirm* oder *acknowledge* übersetzen:

We confirm your order dated 10 June.	Wir bestätigen Ihre Bestellung vom 10. Juni.
Please send us an order acknowledgement.	Bitte senden Sie uns eine Auftragsbestätigung.

confirmation [kɒnfəˈmeɪʃən]   Bestätigung
subject to confirmation   freibleibend
[ˈsʌbdʒɪkt tuː kɒnfəˈmeɪʃən]
in accordance with   entsprechend, gemäß, in Einklang mit
[ɪn əˈkɔːdəns wɪð]
order deadline [ˈɔːdə ˈdedlaɪn]   Bestellfrist
advance order [ədˈvɑːns ˈɔːdə]   Vorbestellung
repeat order [rɪˈpiːt ˈɔːdə]   Nachbestellung
    They have received a repeat order   Sie haben eine Nachbestellung von
    from a key customer.   einem Großkunden erhalten.
trial order [ˈtraɪəl ˈɔːdə]   Probeauftrag
online shop [ˈɒnlaɪn ʃɒp]   Internetshop, Onlineshop
    Please order from our online   Bitte bestellen Sie über unseren
    shop.   Onlineshop.
shipment [ˈʃɪpmənt]   Warensendung, Lieferung
consignment [kənˈsaɪnmənt]   Warensendung, Lieferung
    When can we expect the   Wann können wir mit der Lieferung
    consignment?   rechnen?
terms of delivery *pl*   Lieferbedingungen
[ˈtɜːmz əv dɪˈlɪvərɪ]

4. Beschwerden

complain [kəmˈpleɪn]   sich beschweren, etw. beanstanden
    Unfortunately we must complain   Wir müssen leider die letzte Sendung
    about the recent consignment.   beanstanden.
complaint [kəmˈpleɪnt]   Reklamation, Beschwerde
make a complaint   sich beschweren
[meɪk ə kəmˈpleɪnt]

i Wenn man sich auf Englisch beschweren muss, entschuldigt man sich unbedingt zuerst, dass gleich etwas Negatives folgen wird. Dies gilt auch wenn man absolut im Recht ist. Abmildernde, höfliche Einleitungen für Beschwerden sind:
I'm terribly sorry, but … oder *I'm afraid I have to complain* oder
I'm sorry to complain, but …

deal with a complaint   eine Beschwerde bearbeiten
[diːl wɪð ə kəmˈpleɪnt]
   We will deal with your complaint   Wir werden Ihre Beschwerde sofort
   immediately.   bearbeiten.
settle a complaint   eine Beschwerde regeln
[setl ə kəmˈpleɪnt]
sort out [sɔːt ˈaʊt]   in Ordnung bringen, klären
   This situation needs to be sorted   Diese Situation muss rasch geklärt
   out quickly.   werden.
be disappointed   unzufrieden sein
[bɪ dɪsəˈpɔɪntɪd]
   We are extremely disappointed with   Wir sind mit der Ausführung dieses
   the execution of this order.   Auftrages äußerst unzufrieden.
be annoyed [bɪ əˈnɔɪd]   verärgert, ärgerlich sein
inconvenience [ɪnkənˈviːnɪənz]   Unannehmlichkeit, Umstände
   The defective goods have caused   Die defekten Waren haben uns große
   us great inconvenience.   Umstände verursacht.
expect an explanation   eine Erklärung erwarten
[ɪksˈpekt ən ekspləˈneɪʃən]
apologize for [əˈpɒlədʒaɪz fɔː]   sich entschuldigen für
offer one's apologies for   sich entschuldigen für
[ˈɒfə wʌnz əˈpɒlədʒiːz fɔː]
be sorry [bɪ ˈsɒrɪ]   leidtun
   We are very sorry that the goods   Es tut uns sehr leid, dass die Waren
   were not properly packed.   inkorrekt verpackt wurden.
grievance [ˈgriːvəns]   Beschwerde
request [rɪˈkwest]   Antrag, Anfrage
not up to standard   nicht der Norm entsprechend
[nɒt ʌp tə ˈstændɪd]
damage [ˈdæmɪdʒ]   Schaden, Beschädigung

damaged [ˈdæmɪdʒd]

beschädigt

damages *pl* [ˈdæmɪdʒɪz]

Schadenersatz, Entschädigung

claim [kleɪm]

Forderung, Anspruch

claim for damages

Schadenersatzanspruch

[kleɪm fə ˈdæmɪdʒɪz]

warranty [ˈwɒrəntɪ]

Garantie, Gewährleistung

The device has a two-year
warranty.

Das Gerät hat eine zweijährige Garantie.

defect [dɪˈfekt]

Mangel, Defekt

defective [dɪˈfektɪv]

fehlerhaft, defekt

The computer I purchased is
defective.

Der Rechner, den ich gekauft habe,
ist fehlerhaft.

defective goods *pl*

defekte, fehlerhafte Waren

[dɪˈfektɪv gʊdz]

deficiency [dɪˈfɪʃənsɪ]

Mangel, Fehlen, Schwäche

unsaleable [ʌnˈseɪləbl]

unverkäuflich

In view of the extensive damage,
the goods are unsaleable.

Angesichts des großen Schadens sind
die Waren unverkäuflich.

differ [ˈdɪfə]

sich unterscheiden

The quality of the goods delivered
differs from the sample.

Die Qualität der gelieferten Waren
unterscheidet sich vom Muster.

negligence [ˈneglɪdʒəns]

Nachlässigkeit, Fahrlässigkeit

incorrect [ɪnkəˈrekt]

falsch, nicht korrekt

missing [ˈmɪsɪŋ]

fehlend

reimburse [riːɪmˈbɜːs]

entschädigen, zurückerstatten, ersetzen

We will not reimburse you for
the fee.

Wir werden Ihnen die Gebühr nicht
zurückerstatten.

reimbursement [riːɪmˈbɜːsmənt]

Entschädigung, Rückerstattung, Ersatz

compensation [kɒmpenˈseɪʃən]

Entschädigung

claim compensation

Entschädigung fordern

[kleɪm kɒmpenˈseɪʃən]

compensate [ˈkɒmpenseɪt]

entschädigen

We will compensate you for the
damage immediately.

Wir werden Sie umgehend für den
Schaden entschädigen.

refund [ˈriːfʌnd]

Rückzahlung, Rückerstattung

We will provide you with a full
refund.

Wir werden Ihnen eine vollständige
Rückerstattung gewähren.

Wenn dem Verkäufer eine Beschwerde seitens des Käufers über fehlerhafte Ware vorliegt, gilt es, die sogenannten vier Rs im Kundendienst zu
berücksichtigen:
refund, repair, replace, rescind   Rückerstattung, Reparatur, Ersatz,
Annullierung

replace [rɪˈpleɪs]   ersetzen
All broken parts will be replaced   Alle defekten Teile werden sofort ersetzt.
immediately.
replacement [rɪˈpleɪsmənt]   Ersatzlieferung
repair [rɪˈpeə]   Reparatur, Ausbesserung, reparieren
We will repair your faulty device   Wir werden Ihr defektes Gerät sofort
immediately.   reparieren.
damaged beyond repair   nicht mehr zu reparieren
[ˈdæmɪdʒd bɪˈjɒnd rɪˈpeə]

5. Kaufverträge

contract [ˈkɒntrækt]   Vertrag, Vereinbarung
Please sign the contract.   Bitte unterschreiben Sie den Vertrag.
contractor [kənˈtræktə]   Auftragnehmer(in)
contractual   vertraglich, Vertrags…
[kənˈtræktʃʊəl]
sales contract   Kaufvertrag
[seɪlz ˈkɒntrækt]

 Unter angelsächsischem Gesetz entsteht ein Kaufvertrag erst, wenn
der Käufer das Angebot des Verkäufers angenommen hat. Dann ist er
verpflichtet, die Ware zu akzeptieren. Der Verkäufer ist seinerseits verpflichtet,
die Waren gemäß den im Kaufvertrag beschriebenen und festgelegten Bedingungen zu liefern.

draw up a contract   einen Vertrag aufsetzen
[drɔː ˈʌp ə ˈkɒntrækt]
draft a contract   einen Vertrag entwerfen
[drɑːft ə ˈkɒntrækt]

enter into a contract
['entə 'ıntʊ ə 'kɒntrækt]
                            einen Vertrag abschließen

sign a contract
[saın ə 'kɒntrækt]
                            einen Vertrag unterschreiben

cancel a contract
['kænsəl ə 'kɒntrækt]
                            einen Vertrag aufheben

  We will be forced to cancel the contract if the delivery deadline is not kept.
  Wir werden den Vertrag aufheben müssen, falls die Lieferfrist nicht eingehalten wird.

breach of contract
[briːtʃ əv 'kɒntrækt]
Vertragsbruch

parties to a contract *pl*
['pɑːtız tu ə 'kɒntrækt]
                            vertragsschließende Parteien

terms of (the) contract *pl*
['tɜːmz əv (ðə) 'kɒntrækt]
                            Vertragsbedingungen

under the terms of the contract
['ʌndə ðə 'tɜːmz əv ðə 'kɒntrækt]
                            vertragsgemäß

  Under the terms of the contract, delivery should be made within one month.
  Vertragsgemäß sollen die Waren innerhalb eines Monats geliefert werden.

clause ['klɔːz]
Klausel

specify ['spesıfaı]
spezifizieren, genau angeben, vorschreiben

expiry date [ık'spaırı deıt]
Ablaufdatum, Verfallstermin

6. Import und Export

export ['ekspɔːt]
Export, Ausfuhr, Exportware

export [ık'spɔːt]
exportieren, ausführen

  50% of our production is exported.
  50 % unserer Produktion werden exportiert.

exporter [ek'spɔːtə]
Exporteur

export licence ['ekspɔːt 'laısəns]
Ausfuhrgenehmigung

  We have applied for an export licence.
  Wir haben eine Ausfuhrgenehmigung beantragt.

Eine Exportlizenz (*export licence*) kann bei den Zollbehörden des Export-
landes beantragt werden. Bei Risikowaren wie Chemikalien, Nuklearstoffen
und Waffen (*chemicals, nuclear material and weapons*) wird grundsätzlich
eine Exportlizenz verlangt.

export surplus ['ekspɔːt 'sɜːpləs]	Exportüberschuss
export permit ['ekspɔːt 'pɜːmɪt]	Exportgenehmigung
import [ɪm'pɔːt]	einführen
import ['ɪmpɔːt]	Einfuhr, Import, Importware
Cheap imports exert downward pressure on domestic prices.	Billige Importgüter drücken die Preise auf dem Inlandsmarkt.
importer [ɪm'pɔːtə]	Importeur, Importfirma
import duty ['ɪmpɔːt 'djuːtɪ]	Einfuhrzoll
import restriction ['ɪmpɔːt rɪ'strɪkʃən]	Einfuhrbeschränkung
impose restrictions on [ɪm'pəʊz rɪ'strɪkʃənz ɒn]	Einfuhrbeschränkungen verhängen
import quota ['ɪmpɔːt 'kwəʊtə]	Importquote
customs ['kʌstəmz]	Zoll
customs clearance ['kʌstəmz 'klɪərəns]	Zollabfertigung
customs duties *pl* ['kʌstəmz 'djuːtɪz]	Zölle
customs tariff ['kʌstəmz 'tærɪf]	Zollgebühren
subject to import duties ['sʌbdʒɪkt tu ɪm'pɔːt 'djuːtɪz]	einfuhrzollpflichtig
customs declaration ['kʌstəmz deklə'reɪʃən]	Zollerklärung
customs invoice ['kʌstəmz 'ɪnvɔɪs]	Zollfaktura
clear goods through customs [klɪə gʊdz θruː 'kʌstəmz]	Güter verzollen
The forwarder can collect the goods as soon as they have been cleared through customs.	Der Spediteur kann die Waren abholen, sobald sie verzollt sind.

7. Versanddokumente

bill of lading [bɪl əv ˈleɪdɪŋ] — Konnossement, Frachtbrief

clean bill of lading — reines Konnossement
[kliːn bɪl əv ˈleɪdɪŋ]

unclean bill of lading — unreines Konnossement
[ˈʌnkliːn bɪl əv ˈleɪdɪŋ]

The unclean bill of lading shows that the goods are not in perfect condition. — Das unreine Konnossement zeigt, dass die Waren beschädigt sind.

air waybill [eə ˈweɪbɪl] — Luftfrachtbrief

freight note [ˈfreɪt nəʊt] — Frachtbrief

consignment note — Frachtbrief
[kənˈsaɪnmənt nəʊt]

delivery note [dɪˈlɪvərɪ nəʊt] — Lieferschein

Please check the delivery note. — Prüfen Sie bitte den Lieferschein.

insurance certificate — Versicherungszertifikat
[ɪnˈʃʊərəns səˈtɪfɪkət]

certificate of origin — Herkunftszeugnis, Ursprungsnachweis
[səˈtɪfɪkət əv ˈɒrɪdʒɪn]

We needed a certificate of origin for customs clearance. — Für die Zollabfertigung benötigten wir ein Herkunftszeugnis.

issue a certificate — ein Zertifikat ausstellen
[ˈɪʃuː ə səˈtɪfɪkət]

invoice [ˈɪnvɔɪs] — Rechnung

consular invoice — Konsulatsfaktura
[ˈkɒnsjuːlə ˈɪnvɔɪs]

apply for a consular invoice — ein Konsulatsfaktura beantragen
[əˈplaɪ fɔː ə ˈkɒnsjuːlə ˈɪnvɔɪs]

 Eine Konsulatsfaktura (*consular invoice*) bestätigt die Richtigkeit der Preise der exportierten Waren und versucht damit zu verhindern, dass Waren zu künstlich niedrigen Preisen im Ausland auf den Markt kommen (*dumping prices*).

advice of dispatch — Versandanzeige
[ədˈvaɪs əv dɪˈspætʃ]

8. Die Europäische Union

European Union (EU) — Europäische Union (EU)
[jʊərəˈpɪən ˈjuːnɪən]

European Central Bank (ECB) — Europäische Zentralbank (EZB)
[jʊərəˈpɪən ˈsentrəl bæŋk]
  The European Central Bank is located in Frankfurt. — Die Europäische Zentralbank hat ihren Sitz in Frankfurt.

single European market — Europäischer Binnenmarkt
[sɪŋgl jʊərəˈpɪən ˈmɑːkɪt]
  The single European market is a large free trade area. — Der Europäische Binnenmarkt ist eine große Freihandelszone.

European single currency — europäische Einheitswährung
[jʊərəˈpɪən ˈsɪŋgl ˈkʌrənsɪ]

European Monetary Union (EMU) — Europäische Währungsunion (EWU)
[jʊərəˈpɪən ˈmʌnɪtrɪ ˈjuːnɪən]

Europeanisation — Europäisierung
[jʊərəpɪənaɪˈzeɪʃən]

euro [ˈjʊərə] — Euro

eurozone [ˈjʊərəzəʊn] — Eurozone

trade [treɪd] — Handel

free trade area [friː treɪd ˈeərɪə] — Freihandelszone

society [səˈsaɪətɪ] — Gesellschaft

member state [ˈmembə steɪt] — Mitgliedsstaat

membership [ˈmembəʃɪp] — Mitgliedschaft

apply for membership — eine Mitgliedschaft beantragen
[əˈplaɪ fə ˈmembəʃɪp]

EU citizen [iːˈjuː ˈsɪtɪzn] — EU-Bürger(in)

Common Agricultural Policy (CAP) — Gemeinsame Agrarpolitik
[ˈkɒmən ægrɪˈkʌltʃərəl ˈpɒləsɪ]

free movement of capital — freier Kapitalverkehr
[friː ˈmuːvmənt əv ˈkæpɪtl]

free movement of goods — freier Güterverkehr
[friː ˈmuːvmənt əv ˈgʊdz]
  One of the aims of the EU is to ensure the free movement of goods, capital, services and people. — Ein Ziel der EU ist es, den freien Verkehr von Gütern, Kapital, Dienstleistungen und Menschen zu ermöglichen.

1. Produkt

product ['prɒdʌkt]   Produkt

finished product   Endprodukt
['fɪnɪʃt 'prɒdʌkt]

product range ['prɒdʌkt 'reɪndʒ]   Produktpalette
  We can offer you a wide range of   Wir können Ihnen eine große
  products.   Produktpalette anbieten.

goods *pl* [gʊdz]   Waren, Güter

semi-finished goods *pl*   Halbfertigfabrikate
['semɪ 'fɪnɪʃt gʊdz]

finished goods *pl* ['fɪnɪʃt gʊdz]   Fertigfabrikate
  The finished goods are destined   Die Fertigfabrikate sind für den
  for the export market.   Exportmarkt bestimmt.

bulk goods *pl* ['bʌlk gʊdz]   Massengüter

consumer goods *pl*   Verbrauchsgüter
[kən'sjuːmə gʊdz]

durable consumer goods *pl*   langlebige Gebrauchsgüter
['djʊərəbl kən'sjuːmə gʊdz]

> *i*   *Durable consumer goods* wird oft als *durables* abgekürzt und als Oberbe-
> griff für alle größeren Haushaltsgüter wie *washing machines, refrigerators,*
> *dishwashers, cookers,* usw. verwendet. Man spricht bei solchen Gütern und
> Waren von *white goods,* während Wohnzimmerwaren wie Fernseher oder Stereo-
> geräte als *brown goods* bezeichnet werden.

manufactured goods *pl*   Fabrikwaren
[mænjʊ'fæktʃəd gʊdz]

commodity [kə'mɒdɪtɪ]   Ware, Bedarfsartikel

grade [greɪd]   Qualität, Güteklasse

kite mark *BE* ['kaɪt mɑːk]   Gütezeichen

quality ['kwɒlɪtɪ]   Qualität
  Our products are of the highest   Unsere Produkte sind von höchster
  quality.   Qualität.

quality assurance   Qualitätssicherung
['kwɒlɪtɪ ə'sʊərəns]

item ['aɪtəm]   Stück, Gegenstand, Punkt

class of goods [ˈklɑːs əv ˈgʊdz] Warenart, Klasse
logo [ˈləʊgəʊ] Logo, Emblem
  All our goods carry the same logo. Alle unsere Waren haben dasselbe Logo.
design [dɪˈzaɪn] Design, Muster, entwerfen, zeichnen
feature [ˈfiːtʃə] Merkmal, Eigenschaft, Besonderheit
equip [ɪˈkwɪp] ausrüsten, ausstatten
be equipped with verfügen über, ausgestattet sein mit
[biː ɪˈkwɪpt wɪð]
  We are well equipped to meet our Wir sind durchaus in der Lage, die
  customers' demands. Anforderungen unserer Kunden zu
  erfüllen.
equipment [ɪˈkwɪpmənt] Ausrüstung, Geräte, Ausstattung

 Equipment ist eines von vielen wichtigen Substantiven, die im Deutschen zählbar, im Englischen aber nicht zählbar sind. Man darf also nicht *equipments* sagen, sondern spricht von *pieces/items of equipment*. Andere, im Englischen unzählbare Substantive sind *information, advice, furniture, interest* (Zinsen), *knowledge* und *progress*:
We have a lot of information. Wir haben viele Informationen.

handmade [ˈhændmeɪd] handgearbeitet
ready-made [redɪˈmeɪd] gebrauchsfertig, Fertig…
custom-made [ˈkʌstəmmeɪd] maßgefertigt
made to order [meɪd tə ˈɔːdə] auf Bestellung, kundenspezifisch
  We sell made-to-order clothes. Wir verkaufen maßgeschneiderte
  Kleidung.
made to specification Sonderanfertigung
[ˈmeɪd tə spesɪfɪˈkeɪʃən]
innovation [ɪnəˈveɪʃən] Neuerung, Innovation
innovative [ˈɪnəveɪtɪv] neuartig, innovativ
  Our success is based on seeking Unser Erfolg basiert auf der Suche nach
  innovative solutions. innovativen Lösungen.
component [kəmˈpəʊnənt] Bestandteil, Komponente
specifications *pl* [spesɪfɪˈkeɪʃənz] technische Daten, technische
  Beschreibung
operating instructions *pl* Bedienungsanleitung
[ˈɒpəreɪtɪŋ ɪnˈstrʌkʃənz]

2. Produktion

produce [prə'dju:s]	produzieren, herstellen
We produce high-quality turbines.	Wir stellen hochwertige Turbinen her.
producer [prə'dju:sə]	Hersteller(in), Produzent(in)
production [prə'dʌkʃən]	Herstellung, Produktion
step up production	die Produktion steigern
['step ʌp prə'dʌkʃən]	
speed up ['spi:d ʌp]	beschleunigen
mass production	Massenproduktion
[mæs prə'dʌkʃən]	
labour-intensive production	arbeitsintensive Produktion
['leɪbərɪntensɪv prə'dʌkʃən]	
labour-saving ['leɪbə 'seɪvɪŋ]	arbeitssparend
lean production	verschlankte Produktion
[li:n prə'dʌkʃən]	
streamline ['stri:mlaɪn]	rationalisieren, bereinigen
They have become more profitable by streamlining their production processes.	Sie sind durch die Rationalisierung ihrer Herstellungsabläufe rentabler geworden.
just-in-time [dʒʌstɪn'taɪm]	just-in-time
Just-in-time production techniques can produce large efficiency gains.	Just-in-time-Methoden bei der Produktion können zu großen Effizienzgewinnen führen.
production line	Fließband, Produktionslinie
[prə'dʌkʃən 'laɪn]	
production plant	Produktionsanlage
[prə'dʌkʃən 'plɑ:nt]	
production facilities pl	Produktionseinrichtungen
[prə'dʌkʃən fə'sɪlɪti:z]	
works ['wɜ:ks]	Werk, Fabrik
factory ['fæktərɪ]	Fabrik, Werk
assemble [ə'sembəl]	zusammenbauen, montieren
assembly line [ə'semblɪ 'laɪn]	Fließband, Montageband
mechanical [mɪ'kænɪkəl]	mechanisch
tool [tu:l]	Werkzeug
spares pl ['speəz]	Ersatzteile

manufacture [mænjʊˈfæktʃə]　Herstellung, herstellen
　What is the date of manufacture?　　Wie lautet das Herstellungsdatum?
manufacturer　Hersteller(in)
[mænjʊˈfæktʃərə]
manufacturing　Erzeugung, Herstellung
[mænjʊˈfæktʃərɪŋ]
planning [ˈplænɪŋ]　Planung
processing [ˈprəʊsɛsɪŋ]　Verarbeitung, Bearbeitung, Veredelung
completion [kəmˈpliːʃən]　Fertigstellung
turn out [tɜːn ˈaʊt]　produzieren, hervorbringen
　They have been turning out quality　　Sie produzieren seit vielen Jahren
　devices for many years.　　qualitativ hochwertige Geräte.
specialize in [ˈspeʃəlaɪz ɪn]　sich spezialisieren auf
standard [ˈstændəd]　Standard, Norm
standardize [ˈstændədaɪz]　vereinheitlichen, normen, normieren
batch [bætʃ]　Serie, Los
lot [lɒt]　Posten
series [ˈsɪəriːz]　Serie, Reihe
operate [ˈɒpəreɪt]　in Betrieb sein, bedienen, betätigen
　He operates heavy machinery.　　Er bedient schwere Maschinen.
operator [ˈɒpəreɪtə]　Vermittlung, Bedienungsperson,
　　Arbeiter(in)

raw material [rɔː məˈtɪərɪəl]　Rohstoff
　Wood is our most important raw　　Holz ist unser wichtigster Rohstoff.
　material.
by-product [ˈbaɪprɒdʌkt]　Nebenprodukt, Abfallprodukt
recycle [rɪˈsaɪkl]　wieder verwerten, recyceln
label [ˈleɪbl]　Etikett, Schild, etikettieren
final control [ˈfaɪnəl kənˈtrəʊl]　Endkontrolle
　A defect was discovered during　　Während der Endkontrolle wurde ein
　the final control.　　Fehler entdeckt.
quality control　Qualitätskontrolle
[ˈkwɒlɪtɪ kənˈtrəʊl]
sampling procedure　Stichprobenverfahren
[ˈsɑːmplɪŋ prəˈsiːdʒə]
inspect [ɪnˈspekt]　kontrollieren, prüfen
ensure [ɪnˈʃʊə]　sichern, sicherstellen

tighten ['taɪtən]
verschärfen
  They have tightened controls since the error.
  Sie haben die Kontrollen seit dem Fehler verschärft.

recall [rɪ'kɔːl]
Rückruf, zurückrufen
  Many products have been recalled due to a technical fault.
  Viele Produkte sind wegen eines technischen Defekts zurückgerufen worden.

lead [liːd]
führen
  They are leading the way in the development of cleaner fuels.
  In der Entwicklung von saubereren Treibstoffen sind sie führend.

lead time [liːd taɪm]
Produktionszeit, Lieferzeit

close down [kləʊz 'daʊn]
schließen, stilllegen
  The factory has been closed down.
  Die Fabrik wurde stillgelegt.

closure ['kləʊʒə]
Schließung
  The closure of the factory has resulted in the loss of many jobs.
  Die Schließung der Fabrik führte zum Verlust vieler Arbeitsplätze.

shut down [ʃʌt 'daʊn]
zumachen, schließen

shutdown ['ʃʌtdaʊn]
Stilllegung, Schließung

discontinue [dɪskən'tɪnjuː]
auslaufen lassen, abbestellen
  We plan to discontinue our premium line.
  Wir haben vor, unsere Luxusreihe auslaufen zu lassen.

inoperative [ɪn'ɒpərətɪv]
außer Betrieb, nicht einsatzfähig

out of date [aʊt əv 'deɪt]
veraltet, altmodisch

3. Produktivität

productive [prə'dʌktɪv]
produktiv, ergiebig

productivity [prɒdʌk'tɪvəti]
Produktivität
  We have improved the productivity of our factory.
  Wir haben die Produktivität unseres Werks verbessert.

increase productivity
die Produktivität steigern
[ɪŋ'kriːs prɒdʌk'tɪvəti]

unproductive [ʌnprə'dʌktɪv]
unproduktiv, unergiebig

output ['aʊtpʊt]
Produktion, Ausstoß
  We have increased output to meet demand.
  Wir haben die Produktion erhöht, um mit der Nachfrage Schritt zu halten.

capacity [kəˈpæsɪtɪ]	Kapazität, Befähigung
full capacity [fʊl kəˈpæsɪtɪ]	volle Kapazität
The plant is working at full capacity.	Die Fabrik arbeitet momentan mit voller Kapazität.
utilization of capacity [juːtɪlaɪˈzeɪʃən əv kəˈpæsɪtɪ]	Kapazitätsauslastung
utilize [ˈjuːtɪlaɪz]	(aus)nutzen, verwerten
performance [pəˈfɔːməns]	Leistung

 Performance wird bei Autos und Maschinen benutzt, um ihre Leistungskraft zu beschreiben, z. B.:

Porsche manufactures high-performance cars. — Porsche stellt Fahrzeuge mit hoher Leistungskraft her.

Auch menschliche Arbeitsleistung wird oft damit beschrieben, z. B.:

The assistant's perfomance was outstanding. — Der Assistent zeigte eine hervorragende Leistung.

effectiveness [ɪˈfektɪvnɪs]	Wirksamkeit, Effektivität
I doubt the effectiveness of this move.	Ich bezweifle die Wirksamkeit dieses Schrittes.
efficiency [ɪˈfɪʃənsɪ]	Leistungsfähigkeit, Effizienz
operational efficiency [ɒpəˈreɪʃənl ɪˈfɪʃənsɪ]	Betriebseffizienz
efficient [ɪˈfɪʃənt]	leistungsfähig, effizient
inefficiency [ɪnɪˈfɪʃənsɪ]	Ineffizienz, Unwirksamkeit
inefficient [ɪnɪˈfɪʃənt]	unproduktiv, ineffizient
optimization [ɒptɪmaɪˈzeɪʃən]	Optimierung
rationalization [ræʃənəlaɪˈzeɪʃən]	Rationalisierung
modernize [ˈmɒdənaɪz]	modernisieren
computerize [kəmˈpjuːtəraɪz]	computerisieren, auf Computer umstellen
automate [ˈɔːtəmeɪt]	automatisieren

4. Dienstleistungen

service [ˈsɜːvɪs]	Dienstleistung
offer a service [ˈɒfə ə ˈsɜːvɪs]	eine Dienstleistung anbieten

service sector [ˈsɜːvɪs ˈsektə]   Dienstleistungsbereich
service organization   Dienstleistungsunternehmen
[ˈsɜːvɪs ɔːgənaɪˈzeɪʃən]
  We are purely a service organi-   Wir sind ein reines
  zation.   Dienstleistungsunternehmen.
catering [ˈkeɪtərɪŋ]   Bewirtungsservice, Catering

 Mit dem Ausdruck *catering* kann nicht nur die Bewirtung bei einem gege-
benen Anlass bezeichnet werden. Der Begriff steht auch für den gesamten
Gastronomiebereich (*hotel, restaurant, bar sector*).
Sagt man, man arbeite *in the catering sector,* bezieht sich das auf den ganzen
Gastronomiebereich. Der *catering manager* leitet diesen Bereich.

translation service   Übersetzungsdienst
[trænsˈleɪʃən ˈsɜːvɪs]
maintenance [ˈmeɪntənəns]   Aufrechterhaltung, Instandhaltung,
    Wartung
maintenance costs *pl*   Instandhaltungskosten
[ˈmeɪntənəns ˈkɒsts]
maintenance service   Wartungsdienst
[ˈmeɪntənəns ˈsɜːvɪs]
  Please send us a quotation for a   Bitte senden Sie uns ein Angebot für
  two-year maintenance service.   einen zweijährigen Wartungsdienst zu.
cleaning service   Putzdienst
[ˈkliːnɪŋ ˈsɜːvɪs]
financial services *pl*   Finanzdienstleistungen
[faɪˈnænʃl ˈsɜːvɪzəz]
data processing   Datenverarbeitung
[ˈdeɪtə ˈprəʊsesɪŋ]
information technology (IT)   Informationstechnologie
[ɪnfəˈmeɪʃən tekˈnɒlədʒɪ]
self-service [selfˈsɜːvɪs]   Selbstbedienung
24-hour service   Tag- und Nachtdienst
[ˈtwentɪfɔːˈaʊə ˈsɜːvɪs]
comprise [kəmˈpraɪz]   beinhalten, bestehen aus
  Our offer comprises numerous   Unser Angebot umfasst zahlreiche
  services.   Dienstleistungen.

service charge [ˈsɜːvɪs tʃɑːdʒ]
There is a service charge for
software installation.

Bearbeitungsgebühr
Für die Installation von Software wird
eine Bearbeitungsgebühr berechnet.

after-sales service
[ˈɑːftəseɪlz ˈsɜːvɪs]

Kundendienst

customer service
[ˈkʌstəmə ˈsɜːvɪs]

Kundendienst

customer service representative
[ˈkʌstəmə ˈsɜːvɪs reprɪˈzentətɪv]

Kundenberater(in), Kundendienst-
mitarbeiter(in)

customer relations *pl*
[ˈkʌstəmə rɪˈleɪʃənz]

Kundenbeziehungen

maintain [meɪnˈteɪn]
It is crucial to maintain good
relations with customers.

aufrechterhalten, pflegen
Es ist entscheidend, gute
Kundenbeziehungen zu pflegen.

advise [ədˈvaɪz]
A solicitor advises clients in
legal matters.

raten, beraten
Ein Rechtsanwalt berät seine Kunden bei
rechtlichen Fragen.

range of services
[ˈreɪndʒ əv ˈsɜːvɪsəs]

Dienstleistungspalette

reliable service [rɪˈlaɪəbl ˈsɜːvɪs]

zuverlässige Dienstleistung

flexible service [ˈfleksəbl ˈsɜːvɪs]

anpassungsfähige Dienstleistung

provide [prəˈvaɪd]
We provide tailor-made IT solutions.

anbieten, (be)liefern, zur Verfügung stellen
Wir stellen maßgeschneiderte EDV-
Lösungen zur Verfügung.

provider [prəˈvaɪdə]

Anbieter(in)

expertise [ekspɜːˈtiːz]

Kompetenz, Fachkenntnis

know-how [ˈnəʊhaʊ]
We have extensive know-how in
the tourism field.

Fachkenntnis, Know-how
Wir verfügen über großes Fachwissen im
Tourismusbereich.

recommend [rekəˈmend]

empfehlen

recommendation
[rekəmenˈdeɪʃən]

Empfehlung

outplacement [ˈaʊtpleɪsmənt]

Auslagerung

outsource [ˈaʊtsɔːs]
They outsource a number of
services.

an Fremdfirmen vergeben, auslagern
Sie vergeben einige Dienstleistungen an
Fremdfirmen.

outsourcing [ˈaʊtsɔːsɪŋ]

Fremdvergabe, Auslagerung

1. Märkte und Marketing

market ['mɑːkɪt]
Markt, Absatzgebiet, vermarkten, vertreiben

We need to market this service aggressively.
Wir müssen diesen Service aggressiv vermarkten.

marketing ['mɑːkɪtɪŋ]
Marketing, Absatzwirtschaft

enter a market
['entər ə 'mɑːkɪt]
auf den Markt kommen

launch [lɔːntʃ]
auf den Markt bringen, einführen

We will soon be launching a new product.
Wir werden bald ein neues Produkt auf den Markt bringen.

dominate a market
['dɒmɪneɪt ə 'mɑːkɪt]
einen Markt dominieren

dominant ['dɒmɪnənt]
beherrschend, dominant

monopolize a market
[mə'nɒpəlaɪz ə 'mɑːkɪt]
einen Markt monopolisieren

monopoly [mə'nɒpəlɪ]
Monopol

break into a market
[breɪk 'ɪntʊ ə 'mɑːkɪt]
in einen Markt eindringen

market share ['mɑːkɪt ʃeə]
Marktanteil

market-oriented
[mɑːkɪt'ɔːrɪəntəd]
marktorientiert

market position ['mɑːkɪt pə'zɪʃən]
Marktposition

market value ['mɑːkɪt 'væljuː]
Marktwert

sales target ['seɪlz 'tɑːgɪt]
Absatzziel

gap [gæp]
Lücke

gap in the market
[gæp ɪn ðə 'mɑːkɪt]
Marktlücke

market leader ['mɑːkɪt 'liːdə]
Marktführer

The market leader dominates the European market.
Der Marktführer dominiert den europäischen Markt.

key players pl [kiː 'pleɪəz]
Hauptakteure

market segmentation
['mɑːkɪt segmən'teɪʃən]
Marktsegmentierung

business environment
['bɪznɪs ɪn'vaɪrənmənt]
Geschäftsumfeld

mass market [ˈmæs mɑːkɪt]	Massenmarkt, Massenwaren
upmarket [ˈʌpmɑːkɪt]	gehoben, anspruchsvoll
The company moved more upmarket.	Die Firma wandte sich gehobeneren Käuferschichten zu.
high-end [ˈhaɪend]	hochwertig
This offering is aimed at high-end customers.	Dieses Angebot richtet sich an Kunden im oberen Marktsegment.
downmarket [ˈdaʊnmɑːkɪt]	billig, Massen…
niche [niːʃ]	Nische
niche market [ˈniːʃ ˈmɑːkɪt]	Nischenmarkt
target market [ˈtɑːgɪt ˈmɑːkɪt]	Zielmarkt
marketing mix [ˈmɑːkɪtɪŋ mɪks]	Marketingmix

 Beim *marketing mix* handelt es sich um die sogenannten vier Ps des Marketing: Produkt (*product*), Preis (*price*), Promotion/Werbung (*promotion*) und Platzierung (*placement*). Diese Variablen dienen dazu, adäquate Marketingentscheidungen zu treffen.

marketing strategy [ˈmɑːkɪtɪŋ ˈstrætɪdʒɪ]	Marktstrategie
positioning [pəˈzɪʃənɪŋ]	Positionierung
Product positioning is important when marketing an item.	Die Produktpositionierung ist beim Vermarkten eines Artikels wichtig.
tactics *pl* [ˈtæktɪks]	Taktik
core competences *pl* [kɔː ˈkɒmpɪtənsəz]	Kernkompetenzen
trademark [ˈtreɪdmɑːk]	Warenzeichen
brand [brænd]	Marke, Markenname

 Mit *brand* kann man viele zusammengesetzte Substantive bilden:
brand awareness/recognition	Markenbewusstsein
brand management	Marken-Management
brand identity	Markenidentität

brand name [ˈbrænd neɪm]	Markenbezeichnung, Markenname
brand loyalty [ˈbrænd ˈlɔɪəltɪ]	Markentreue

brand image ['brænd 'ımıdʒ] — Markenimage
non-branded [nɒn'brændıd] — markenfrei
generic product — No-Name-Produkt
[dʒe'nerık 'prɒdʌkt]
sales literature — Werbeunterlagen
['seılz 'lıtrətʃə]
special offer ['speʃl 'ɒfə] — Sonderangebot

2. Marktforschung

market research — Marktforschung
['mɑːkıt riː'sɜːtʃ]
  Market research aims to establish — Marktforschung hat das Ziel,
  if there is a market for a particular — herauszufinden, ob es für ein bestimm-
  product. — tes Produkt einen Markt gibt.
market survey ['mɑːkıt 'sɜːveı] — Marktumfrage
market testing — Verbraucherumfrage
['mɑːkıt 'testıŋ]
competitor analysis — Konkurrenzanalyse
[kɒm'petıtə ə'næləsıs]
market share analysis — Marktanteilanalyse
['mɑːkıt ʃeə ə'næləsıs]
carry out a survey — eine Umfrage durchführen
['kærı aʊt ə 'sɜːveı]
questionnaire [kwestʃə'neə] — Fragebogen
  Would you be prepared to com- — Würden Sie einen kurzen Fragebogen
  plete a short questionnaire? — ausfüllen?
feedback ['fiːdbæk] — Reaktion, Feedback, Echo
positive feedback — positives Echo
['pɒzətıv 'fiːdbæk]
negative feedback — negatives Echo
['negətıv 'fiːdbæk]
feasibility study — Durchführbarkeitsstudie,
[fiːzə'bılətı 'stʌdı] — Machbarkeitsstudie
comparison [kəm'pærısən] — Vergleich
compare (with) ['kəmpeə (wıθ)] — vergleichen (mit)

target group [ˈtɑːɡɪt ɡruːp]
    The product should be designed to
    attract a certain target group.

Zielgruppe
    Das Produkt muss so konzipiert sein,
    dass es eine bestimmte Zielgruppe
    anspricht.

> *i* Eine *target group* (Zielgruppe) wird in verschiedene Kategorien eingeteilt.
> Marktforscher untersuchen z.B. die Altersstruktur der Kunden, die Höhe
> ihres Einkommens, ihren Wohnort und Wohnstatus (in einer Wohnung oder in
> einem Haus, alleinstehend oder verheiratet, mit oder ohne Kinder, usw., *age,
> income, place of residence, single or married with children,* usw.).
> Mit diesen Informationen können Preise und geeignete Werbemaßnahmen für
> ein Produkt genauer bestimmt werden.

random sample
[ˈrændəm ˈsɑːmpl]

Stichprobe

representative [reprɪˈzentətɪv]

repräsentativ

age group [ˈeɪdʒ ɡruːp]

Altersgruppe

income group [ˈɪnkəm ɡruːp]

Einkommensgruppe

high-earner [haɪˈɜːnə]

Großverdiener

3. Konkurrenz

competition [kɒmpəˈtɪʃən]
    Competition is high in many
    sectors.

Konkurrenz, Wettbewerb
    In vielen Branchen herrscht große
    Konkurrenz.

be up against competition
[bɪ ʌp əˈɡenst kɒmpəˈtɪʃən]
    We will certainly be up against stiff
    competition now that import
    restrictions have been dropped.

Konkurrenz ausgesetzt sein

    Da die Importbeschränkungen
    aufgehoben wurden, werden wir mit
    Sicherheit harter Konkurrenz ausgesetzt
    sein.

without competition
[ˈwɪðaʊt kɒmpəˈtɪʃən]

konkurrenzlos

fierce competition
[ˈfɪəs kɒmpəˈtɪʃən]

scharfe Konkurrenz

stiff competition
[ˈstɪf kɒmpəˈtɪʃən]

harte Konkurrenz

unfair competition
['ʌnfeə kɒmpə'tɪʃən]

unlauterer Wettbewerb

compete [kəm'piːt]

konkurrieren, in Wettstreit treten

competitor [kəm'petɪtə]

Konkurrent(in), Gegner(in)

Jones Industries is one of our main competitors on the British market.

Jones Industries ist einer unserer Hauptkonkurrenten auf dem britischen Markt.

competitive [kəm'petɪtɪv]

konkurrenzfähig

competitive advantage
[kəm'petɪtɪv əd'vɑːntɪdʒ]

Wettbewerbsvorteil

competitiveness
[kəm'petɪtɪvnəs]

Wettbewerbsfähigkeit

competing [kəm'piːtɪŋ]

konkurrierend

Two new competing firms have just broken into the software market.

Zwei neue Mitkonkurrenten sind gerade in den Softwaremarkt eingedrungen.

rival ['raɪvəl]

Konkurrent(in)

rival product ['raɪvəl 'prɒdʌkt]

Konkurrenzprodukt

4. Verbraucher

consume [kən'sjuːm]

verbrauchen, konsumieren

consumer [kən'sjuːmə]

Verbraucher(in), Konsument(in)

consumption [kən'sʌmpʃən]

Verbrauch, Verzehr

Consumption has doubled over the past year.

Der Verbrauch hat sich im vergangenen Jahr verdoppelt.

personal consumption
['pɜːsənl kən'sʌmpʃən]

Eigenverbrauch

consumer protection
[kən'sjuːmə prə'tekʃən]

Verbraucherschutz

ultimate consumer
['ʌltɪmət kən'sjuːmə]

Endverbraucher(in)

average consumer
['ævərɪdʒ kən'sjuːmə]

Durchschnittsverbraucher(in)

consumer behaviour
[kən'sjuːmə bɪ'heɪvjə]

Verbraucherverhalten

consumer confidence
[kən'sjuːmə 'kɒnfɪdəns]

Kaufbereitschaft, Konsumklima

consumer society
[kən'sjuːmə sə'saɪətɪ]

Konsumgesellschaft

consumer preference
[kən'sjuːmə 'prefərəns]

Verbrauchervorliebe

customer ['kʌstəmə]

Kunde/Kundin

customer loyalty
['kʌstəmə 'lɔɪəltɪ]

Kundentreue

spending habits *pl*
['spendɪŋ 'hæbɪts]

Kaufgewohnheiten

need [niːd]

Notwendigkeit, Bedarf, benötigen

want [wɒnt]

Bedürfnis, Wunsch, Mangel, wollen

We are conducting research into
our customers' wants.

Wir erforschen die Wünsche unserer
Kunden.

purchaser ['pɜːtʃəsə]

Käufer(in)

punter *BE, fam* ['pʌntə]

Kunde/Kundin

the average punter
[ðiː 'ævərɪdʒ 'pʌntə]

Otto Normalverbraucher

5. Werbung

advertise ['ædvətaɪz]

werben, inserieren

advertising ['ædvətaɪzɪŋ]

Werbung

Large firms invest heavily in
advertising.

Große Firmen investieren viel Geld
in die Werbung.

advertising budget
['ædvətaɪzɪŋ 'bʌdʒət]

Werbeetat

advertising agency
['ædvətaɪzɪŋ 'eɪdʒənsɪ]

Werbeagentur

advertising campaign
['ædvətaɪzɪŋ kæm'peɪn]

Werbekampagne

The advertising campaign reached
its target groups.

Die Werbekampagne hat ihre
Zielgruppen erreicht.

advertising copy
['ædvətaɪzɪŋ 'kɒpɪ]

Werbetext

(advertising) slogan　　　　Werbespruch
[('ædvətaɪzɪŋ) 'sləʊɡən]
advertisement [æd'vɜːtɪsmənt]　　Werbung, Reklame
advert, ad ['ædvɜːt, æd]　　Werbung, Reklame
place an advertisement　　eine Anzeige schalten, inserieren
['pleɪs ən æd'vɜːtɪsmənt]
media pl ['miːdɪə]　　Medien
　We advertise in a range of media.　　Wir machen in zahlreichen Medien Werbung.

advertising medium　　Werbemittel
['ædvətaɪzɪŋ 'miːdɪəm]
Internet ad ['ɪntənət æd]　　Internetwerbung

 In der Internetwerbung spricht man u.a. von *banners* (Werbeblock, Werbebanner) und *pop-ups* (automatisch erscheinende Bildschirmwerbung). Und auch *social media* und *internet videos* sind wichtig.

newspaper ad　　Zeitungsinserat
['njuːzpeɪpə æd]
commercial [kə'mɜːʃəl]　　Werbespot (Radio, TV)
infomercial [ɪnfəʊ'mɜːʃəl]　　Werbesendung
attract customers　　Kunden gewinnen
[ə'trækt 'kʌstəməz]
leaflet ['liːflɪt]　　Prospekt, Handzettel
poster ['pəʊstə]　　Plakat
word-of-mouth advertising　　Mund-zu-Mund-Propaganda
[wɜːd əv məʊθ 'ædvətaɪzɪŋ]
　Word-of-mouth advertising is cheap and effective.　　Mund-zu-Mund-Propaganda ist kostengünstig und wirksam.
publicity [pʌb'lɪsɪtɪ]　　Werbung, Publizität
　They have received much negative publicity.　　Sie haben viel negative Publizität bekommen.
publicity campaign　　Werbekampagne
[pʌb'lɪsɪtɪ kæm'peɪn]
public ['pʌblɪk]　　öffentlich, Öffentlichkeit
　We must maintain our image among the general public.　　Wir müssen unser Image in der Öffentlichkeit pflegen.

Public Relations (PR)
['pʌblɪk rɪ'leɪʃənz]
  Public Relations concentrates on
  promoting the company's image.

Public Relations, Öffentlichkeitsarbeit

Die Öffentlichkeitsarbeit konzentriert sich
darauf, für das Image der Firma zu
werben.

 PR exercises (PR-Aktivitäten), um das Image einer Firma zu verbessern,
sind z. B.:
open-day(s)   Tag(e) der offenen Tür
sponsoring   Sponsorenunterstützung

sponsor ['spɒnsə]   Förderer(in), fördern
sponsorship ['spɒnsəʃɪp]   finanzielle Förderung
promote [prə'məʊt]   werben für
  We are sponsoring this event to   Wir sponsern diese Veranstaltung,
  promote our image.   um unser Image zu verbessern.
promotion [prə'məʊʃən]   Werbeaktion, Förderung
sales promotion   Verkaufsförderung
['seɪlz prə'məʊʃən]
promotional material   Werbematerial
[prə'məʊʃənəl mə'tɪərɪəl]
presentation [prezən'teɪʃən]   (Verkaufs-)Präsentation
  You are required to give a   Sie sollen eine zehnminütige
  ten-minute product presentation.   Produktpräsentation halten.
free gift [fri: 'gɪft]   Werbegeschenk
giveaway ['gɪvəweɪ]   Werbegeschenk
sample ['sɑːmpl]   (Waren-)Probe, Muster, probieren,
                                          kosten

free sample [fri: 'sɑːmpl]   Gratisprobe, Werbemuster
  We are offering free samples of   Wir bieten gerade kostenlose Proben
  our products.   unserer Produkte an.
mailshot ['meɪlʃɒt]   Postwurfsendung, Mailing
mailing list ['meɪlɪŋ lɪst]   Verteilerliste, Adressenliste
junk mail ['dʒʌŋk meɪl]   (unerwünschte) Reklamesendungen
press release ['pres rɪ'liːs]   Pressemitteilung
press conference   Pressekonferenz
['pres 'kɒnfərəns]

6. Messen

fair [feə] — Messe, Ausstellung

trade fair ['treɪd feə] — Handelsmesse, Fachmesse

trade fair grounds pl ['treɪd feə graʊndz] — Messegelände

venue ['venjuː] — Veranstaltungsort

exhibition [eksɪ'bɪʃən] — Ausstellung

exhibit [ek'zɪbɪt] — Ausstellungsstück, ausstellen

exhibitor [ek'zɪbɪtə] — Aussteller

attend a fair [ə'tend ə feə] — an einer Messe teilnehmen
　We are planning to attend the fair in London. — Wir planen an der Messe in London teilzunehmen.

visit a fair ['vɪzɪt ə feə] — eine Messe besuchen

visitor ['vɪzɪtə] — Besucher(in)

registration [redʒɪ'streɪʃən] — (Messe-)Anmeldung, Registrierung
　The registration deadline for the fair is next week. — Die Anmeldungsfrist für die Messe endet Ende nächster Woche.

exhibition space [eksɪ'bɪʃən speɪs] — Ausstellungsfläche

floor plan ['flɔːplæn] — Übersichtsplan

stand [stænd] — Stand

stand rental [stænd 'rentəl] — Standmiete

stand location [stænd ləʊ'keɪʃən] — Standlage

put up a stand [pʊt ʌp ə 'stænd] — einen Stand aufstellen

dismantle a stand [dɪs'mæntl ə stænd] — einen Stand abbauen

display [dɪ'spleɪ] — Auslage, ausstellen

on display [ɒn dɪ'spleɪ] — ausgestellt

quote [kwəʊt] — Angebot, ein Preisangebot machen
　Please let us have your most favourable quote for a stand. — Bitte lassen Sie uns Ihr günstigstes Angebot für einen Stand zukommen.

facilities pl [fə'sɪlɪtiːz] — Räumlichkeiten
　We would require these facilities for the duration of the fair. — Wir würden diese Räumlichkeiten für die Dauer der Messe brauchen.

furniture and equipment ['fɜːnɪtʃə ənd ɪ'kwɪpmənt] — Einrichtung und Ausrüstung

1. Transport

ship [ʃɪp]	versenden, befördern, Schiff
Your order will be shipped tomorrow.	Ihre Bestellung wird morgen versendet.
shipment [ˈʃɪpmənt]	Warensendung, Lieferung, Verschiffung
shipping [ˈʃɪpɪŋ]	Versand
consolidated shipment [kənˈsɒlɪdeɪtəd ˈʃɪpmənt]	Sammelladung
shipping documents *pl* [ˈʃɪpɪŋ ˈdɒkjumənts]	Versandpapiere
consignment [ˈkənsaɪnmənt]	Sendung, Warensendung
part consignment [pɑːt ˈkənsaɪnmənt]	Teillieferung
forward [ˈfɔːwəd]	versenden
Your consignment will be forwarded by rail to the nearest goods station.	Ihre Waren werden per Bahn an den nächsten Güterbahnhof versendet.
forwarder [ˈfɔːwədə]	Absender(in), Spediteur
transport [trænsˈpɔːt]	transportieren
mode of transport [məʊd əv ˈtrænspɔːt]	Transportart
roll-on roll-off transport (ro-ro) [rəʊlˈɒn rəʊlˈɒf ˈtrænspɔːt]	Ro-Ro-Verkehr

 Ro-ro transport (roll-on roll-off transport) bedeutet, dass die Waren in einem Container verpackt sind, der während einer Fähr- oder Seepassage auf dem LKW bleibt. Der LKW kann dann im Zielhafen direkt vom Schiff zum Bestimmungsort fahren.

carrier [ˈkærɪə]	Frachtführer, Spediteur
carriage [ˈkærɪdʒ]	Fracht, Transport
carriage charges *pl* [ˈkærɪdʒ ˈtʃɑːdʒəz]	Frachtkosten
carriage paid [ˈkærɪdʒ peɪd]	frachtfrei
logistics [ləˈdʒɪstɪks]	Logistik

destination [destɪ'neɪʃən]	Bestimmungsort
weight limit ['weɪt 'lɪmɪt]	Höchstgewicht
freight [freɪt]	Fracht(gut), Ladung
freight charges *pl* ['freɪt 'tʃɑːdʒəz]	Frachtkosten
sea freight ['siː freɪt]	Seefracht
air freight ['eə freɪt]	Luftfracht
The goods will be sent as air freight on Lufthansa flight number … from Düsseldorf.	Die Waren werden als Luftfracht mit dem Lufthansa-Flug Nr. … von Düsseldorf verschickt.
by air [baɪ 'eə]	per Luftfracht
airline ['eəlaɪn]	Fluglinie
by sea [baɪ 'siː]	per Schiff
port [pɔːt]	Hafen
harbour ['hɑːbə]	Hafen
vessel ['vesɪl]	Schiff
bill of lading [bɪl əv 'leɪdɪŋ]	Seefrachtbrief, Konnossement

Bill of lading: Das Konnossement heißt „Seefrachtbrief", wenn Waren per Seefracht gesendet werden. Mit einem *clean bill of lading* oder „reinem Konnossement" beweist der Spediteur, dass sich die Waren bei der Ladung auf das Schiff in gutem Zustand befanden. Das Gegenteil nennt man *unclean/dirty bill of lading,* wenn Waren beschädigt oder unvollständig sind.

by rail [baɪ 'reɪl]	per Bahn
rail transport ['reɪl 'trænspɔːt]	Transport per Schiene
Rail transport is preferable for bulk cargoes and containers.	Transport per Schiene wird bei Massengüterversand und Containertransport bevorzugt.
goods train *BE* ['gʊdz treɪn]	Güterzug
by road [baɪ 'rəʊd]	per Güterkraftverkehr
lorry *BE* ['lɒrɪ], **truck** *AE* [trʌk]	Lastwagen
trucking ['trʌkɪŋ]	Güterkraftverkehr
haulier ['hɔːlɪə]	LKW-Unternehmer
road haulage ['rəʊd 'hɔːlɪdʒ]	Güterkraftverkehr
(delivery) van [(dɪ'lɪvərɪ) væn]	Lieferwagen

courier [ˈkʊrɪə]	Kurier
toll [təʊl]	Maut
in transit [ɪn ˈtrænsɪt]	auf dem Weg, unterwegs
en route [ɒ̃ ˈruːt]	auf dem Weg, unterwegs
cargo [ˈkɑːgəʊ]	Ladung, Fracht
bulk cargo [ˈbʌlk ˈkɑːgəʊ]	Massengüter
mixed cargo [ˈmɪkst ˈkɑːgəʊ]	Stückgut
load [ləʊd]	Ladung, beladen
unload [ʌnˈləʊd]	ausladen, entladen
His job is to unload lorries.	Seine Aufgabe ist es, LKWs zu entladen.

2. Verpackung

pack [pæk]	packen, einpacken
Our goods are machine-packed.	Unsere Waren werden maschinell verpackt.
package [ˈpækɪdʒ]	Paket
packing [ˈpækɪŋ]	Verpacken, Verpackung

 Packaging (Verpackung) muss der Art der Waren und ihrem Transportweg angepasst sein. Tee wird in *chests* (Kisten) verpackt, Kaffee in *sacks* (Säcken), Flüssigkeiten in *drums* (Tonnen), Baumwolle in *bales* (Ballen). Geräte und Maschinen werden zum Transport auf *pallets* (Paletten) montiert.

packing costs *pl* [ˈpækɪŋ kɒsts]	Verpackungskosten
postage and packing [ˈpəʊstɪdʒ ənd ˈpækɪŋ]	Porto und Verpackung
packaging [ˈpækɪdʒɪŋ]	Verpackung
waterproof [ˈwɔːtəpruːf]	wasserdicht
airtight [ˈeətaɪt]	luftdicht
It is advisable to use airtight packaging for such goods.	Für diese Waren empfehlen wir, eine luftdichte Verpackung zu verwenden.
padded [ˈpædɪd]	gepolstert
pallet [ˈpælɪt]	Palette

The pallets will be picked up by our carrier with the next consignment.

Die Paletten werden von unserem Frachtführer abgeholt, wenn die nächste Sendung geliefert wird.

box [bɒks]
Karton, Kiste, verpacken

cardboard box [ˈkɑːdbɔːd bɒks]
Karton

drum [drʌm]
Tonne

barrel [ˈbærəl]
Fass, Barrel (Erdöl)

The price of oil is normally specified in dollars per barrel.

Der Ölpreis wird normalerweise in Dollar pro Barrel angegeben.

parcel [ˈpɑːsl]
Paket

contain [kənˈteɪn]
enthalten

caution marks pl
[ˈkɔːʃən mɑːks]
Sicherheitsmarkierungen

fragile [ˈfrædʒaɪl]
zerbrechlich

We specialize in transporting fragile goods.

Wir sind auf den Transport zerbrechlicher Güter spezialisiert.

this side up [ðɪs saɪd ˈʌp]
hier oben

insufficient [ɪnsəˈfɪʃənt]
ungenügend

Damage to the goods is often due to insufficient packing.

Warenschäden sind häufig auf ungenügende Verpackung zurückzuführen.

dimensions pl [deɪˈmenʃənz]
Abmessungen

length [leŋθ]
Länge

width [wɪdθ]
Breite

height [haɪt]
Höhe

3. Lagerung

storage [ˈstɔːrɪdʒ]
Lagerung

storage facilities pl
[ˈstɔːrɪdʒ fəˈsɪlətiːz]
Lagermöglichkeiten

storage capacity
[ˈstɔːrɪdʒ kəˈpæsətɪ]
Lagerkapazität

store [stɔː]
Lager, Vorrat, lagern, aufbewahren

Our goods are all stored centrally.
Unsere Waren werden alle zentral gelagert.

warehouse [ˈweəhaʊs]
Lagerhaus, Lager

stock [stɒk]   Lagerbestand, Vorrat, lagern, aufbewahren
have in stock [hæv ɪn ˈstɒk]   vorrätig, auf Lager haben
  We have a wide range of winter   Wir haben eine große Auswahl an
  coats in stock.   Wintermänteln auf Lager.
out of stock [aʊt əv ˈstɒk]   ausverkauft
stock up [stɒk ˈʌp]   aufstocken
  We need to stock up on office   Wir müssen unseren Bestand an
  suppl es.   Büromaterial aufstocken.
take stock [teɪk ˈstɒk]   Inventur machen
stocks *pl* [stɒks]   Vorräte
while stocks last   solange der Vorrat reicht
[waɪl ˈstɒks lɑːst]
available [əˈveɪləbl]   verfügbar, vorrätig, lieferbar
shelf life [ˈʃelf laɪf]   Lagerfähigkeit
  Many food products have a short   Viele Lebensmittel haben eine kurze
  shelf life.   Lagerfähigkeit.
sell-by date [ˈselbaɪ deɪt]   Haltbarkeitsdatum
shortage [ˈʃɔːtɪdʒ]   Mangel, Knappheit

4. Lieferung

deliver [dɪˈlɪvə]   liefern, zustellen
  When can you deliver the goods?   Wann können Sie die Waren liefern?
delivery [dɪˈlɪvərɪ]   Lieferung, Auslieferung
delivery note [dɪˈlɪvərɪ nəʊt]   Lieferschein
delivery instructions *pl*   Lieferanweisung, Liefervorschriften
[dɪˈlɪvərɪ ɪnˈstrʌkʃənz]
  Please follow our delivery   Bitte befolgen Sie unsere Liefer-
  instructions carefully.   vorschriften sorgfältig.
advice of delivery   Rückschein, Versandanzeige
[ədˈvaɪs əv dɪˈlɪvərɪ]
delay in delivery   Lieferverzug
[dɪˈleɪ ɪn dɪˈlɪvərɪ]
  We would like to apologize for the   Wir möchten uns für den Lieferverzug
  delay in delivery of your order.   bei Ihrer Bestellung entschuldigen.
special delivery [ˈspeʃəl dɪˈlɪvərɪ]   Eilzustellung

take delivery of [teɪk dɪˈlɪvərɪ əv] — in Empfang nehmen
refusal [rɪˈfjuːzəl] — Ablehnung
refusal of delivery — Annahmeverweigerung
[rɪˈfjuːzəl əv dɪˈlɪvərɪ]
part delivery [ˈpɑːt dɪˈlɪvərɪ] — Teillieferung
delivery date [dɪˈlɪvərɪ ˈdeɪt] — Liefertermin, Lieferdatum
delivery deadline — Lieferfrist
[dɪˈlɪvərɪ ˈdedlaɪn]
just-in-time delivery — wartezeitfreie Lieferung, JIT-Lieferung
[dʒʌstɪnˈtaɪm dɪˈlɪvərɪ]
express delivery — Eilsendung
[ɪkˈspres dɪˈlɪvərɪ]
at short notice [ət ˈʃɔːt ˈnəʊtɪs] — kurzfristig
urgent [ˈɜːdʒənt] — dringend
door-to-door delivery — Haus-zu-Haus-Lieferung
[dɔːtəˈdɔː dɪˈlɪvərɪ]
One advantage of road transport is that the goods can be delivered door-to-door. — Ein Vorteil beim LKW-Transport ist, dass Waren von Haus zu Haus geliefert werden können.
delivery charge [dɪˈlɪvərɪ ˈtʃɑːdʒ] — Lieferkosten
dispatch [dɪˈspætʃ] — Versand, Sendung, (ver)senden, schicken
Your order will be dispatched in the morning. — Ihre Bestellung wird morgen Vormittag verschickt.
ready for dispatch — versandbereit
[ˈredɪ fə dɪˈspætʃ]
terms of delivery pl — Lieferbedingungen
[tɜːmz əv dɪˈlɪvərɪ]
free [friː] — kostenlos, frei
free domicile [ˈfriː ˈdɒmɪsaɪl] — frei Haus
shipping costs pl [ˈʃɪpɪŋ kɒsts] — Versandkosten
Incoterms pl [ɪnkəʊˈtɜːmz] — Internationale Lieferbedingungen
cost and freight (CFR) — Kost und Fracht
[kɒst ənd ˈfreɪt]
cost, insurance and freight (CIF) — Kosten, Versicherung und Fracht
[ˈkɒst ɪnˈʃʊərəns ənd ˈfreɪt]
The goods have been shipped CIF Dover as requested. — Die Waren wurden wie gewünscht CIF Dover verschifft.

delivered duty paid (DDP)　　　　verzollt geliefert
[dɪˈlɪvəd ˈdjuːtɪ peɪd]
ex works [ɪks ˈwɜːks]　　　　　　ab Werk
not yet arrived [nɒt jet əˈraɪvd]　noch nicht eingetroffen
in bad order [ɪn bæd ˈɔːdə]　　　in schlechtem Zustand
　We must complain as the goods　　　Wir müssen uns beschweren, da die
　have arrived in bad order.　　　　　Waren in schlechtem Zustand
　　　　　　　　　　　　　　　　　　eingetroffen sind.

5. Versicherung

insurance [ɪnˈʃʊərəns]　　　　　Versicherung
insurance policy　　　　　　　　Versicherungspolice
[ɪnˈʃʊərəns ˈpɒləsɪ]
insurance company　　　　　　　Versicherungsgesellschaft
[ɪnˈʃʊərəns ˈkʌmpənɪ]
insurance premium　　　　　　　Versicherungsprämie
[ɪnˈʃʊərəns ˈpriːmɪəm]
insurance broker　　　　　　　　Versicherungsmakler
[ɪnˈʃʊərəns ˈbrəʊkə]
take out insurance　　　　　　　eine Versicherung abschließen
[teɪk aʊt ɪnˈʃʊərəns]
insured party [ɪnˈʃʊəd ˈpɑːtɪ]　die versicherte Person
insurer [ɪnˈʃʊərə]　　　　　　　Versicherer, Versicherungsträger
insure [ɪnˈʃʊə]　　　　　　　　versichern
　We must insure the building　　　　Wir müssen das Gebäude gegen Feuer
　against fire and theft.　　　　　　　und Diebstahl versichern.
be insured against sth.　　　　　gegen etw. versichert sein
[bɪ ɪnˈʃʊəd əˈgenst ˈsʌmθɪn]
partial loss [ˈpɑːʃəl lɒs]　　　　Teilverlust
insurance value　　　　　　　　Versicherungswert
[ɪnˈʃʊərəns ˈvæljuː]
　What is the insurance value of the　　Welchen Versicherungswert hat die
　consignment?　　　　　　　　　　Sendung?
cargo insurance　　　　　　　　Cargokostenversicherung
[ˈkɑːgəʊ ɪnˈʃʊərəns]

freight insurance [freɪt ɪnˈʃʊərəns]	Frachtkostenversicherung

 Weitere Versicherungsarten sind z.B.:

extended coverage insurance	EC-Versicherung
life insurance/life assurance	Lebensversicherung
fire insurance	Brandschutzversicherung
liability insurance	Haftpflichtversicherung

insurance rates *pl* [ɪnˈʃʊərəns reɪts]	Versicherungstarife
insurance claim [ɪnˈʃʊərəns kleɪm]	Versicherungsanspruch, Sicherungsfall
make an insurance claim [ˈmeɪk ən ɪnˈʃʊərəns kleɪm]	Schadenersatz fordern
claim form [ˈkleɪm fɔːm]	Schadenformular
settle a claim [setl ə ˈkleɪm] The insurance company refuses to settle our claim.	einen Schaden regulieren Die Versicherungsgesellschaft weigert sich, unseren Schaden zu regulieren.
damage [ˈdæmɪdʒ]	Schaden
claim for damages [kleɪm fə ˈdæmɪdʒəz]	Schadenersatzanspruch
liability [laɪəˈbɪlətɪ]	Haftung
product liability [ˈprɒdʌkt laɪəˈbɪlətɪ]	Produkthaftung
be liable for [bɪ ˈlaɪəbəl fɔː]	haftbar sein für, haften für
cover [ˈkʌvə]	(ab)decken, versichern
insurance cover [ɪnˈʃʊərəns ˈkʌvə]	Versicherungsschutz
maximum cover [ˈmæksɪməm ˈkʌvə]	maximale Deckungshöhe
risk [rɪsk]	Risiko
compensation [kɒmpenˈseɪʃən]	Schadenersatz, Entschädigung
mutual [ˈmjuːtʃʊəl]	gemeinsam, beiderseitig, gegenseitig
mutual insurance [ˈmjuːtʃʊəl ɪnˈʃʊərəns]	Versicherung auf Gegenseitigkeit

1. Banken und Konten

commercial bank Handelsbank, Geschäftsbank
[kə'mɜːʃl bæŋk]
High Street banks *pl, BE* (britische) Großbanken
['haɪstriːt bæŋks]

 In Großbritannien heißen manche Handelsbanken auch *High Street Banks,*
da sie in vielen Städten mit Niederlassungen in der örtlichen Hauptstraße
vertreten sind.

bank branch ['bæŋk brɑːntʃ] Filiale
branch manager Filialleiter(in)
[brɑːntʃ 'mænɪdʒə]
savings bank Sparkasse
['seɪvɪŋz bæŋk]
central bank Zentralbank
['sentrəl bæŋk]

 In Großbritannien ist die *central bank* (Zentralbank) die *Bank of England.*
Sie wird wegen ihrer Adresse auch *The Old Lady of Threadneedle Street*
genannt. In den USA heißt die Zentralbank *The Federal Reserve Bank* oder
kurz *the Fed.*

building society *BE* Bausparkasse
['bɪldɪŋ sə'saɪɪtɪ]
  British building societies are often Britische Bausparkassen gehören oft
  owned by their members. ihren Mitgliedern.
merchant bank Handelsbank
['mɜːtʃənt bæŋk]
financial institution Geldinstitut
[faɪ'nænʃəl ɪnstɪ'tjuːʃən]
  He would like to work for a financial Er möchte gerne für ein Geldinstitut
  institution. arbeiten.
vault [vɔːlt] Tresor(raum)
monetary ['mʌnɪtrɪ] monetär, Geld…, Währungs…
treasury ['treʒərɪ] Finanzministerium, Fiskus

In den USA wird das Finanzministerium *The Treasury* genannt, geleitet wird es von dem *Treasury Secretary.* In Großbritannien heißt das Ministerium *The Exchequer,* und es wird vom *Chancellor of the Exchequer* geführt. Dieser wohnt im Haus Nr. 11 in der *Downing Street,* direkt neben dem Premierminister in Nr. 10.

Internet banking ['ɪntənet 'bæŋkɪŋ]	Internetbanking
banking service ['bæŋkɪŋ 'sɜːvɪs]	Bankdienstleistung
account [ə'kaʊnt]	(Kunden-)Konto, Rechnung
account balance [ə'kaʊnt 'bæləns]	Kontostand
account management [ə'kaʊnt 'mænɪdʒmənt]	Kontoführung, Kundenbetreuung
bank account ['bæŋk ə'kaʊnt]	Bankkonto
I have opened a new bank account.	Ich habe ein neues Bankkonto eröffnet.
current account [kʌrənt ə'kaʊnt]	Girokonto
savings *pl* ['seɪvɪŋz]	Ersparnisse
savings account ['seɪvɪŋz ə'kaʊnt]	Sparkonto
deposit [dɪ'pɒzɪt]	Einzahlung, deponieren, einzahlen
deposit account [dɪ'pɒzɪt ə'kaʊnt]	Sparkonto
joint account [dʒɔɪnt ə'kaʊnt]	Gemeinschaftskonto
open an account ['əʊpən ən ə'kaʊnt]	ein Konto eröffnen
You need to have proof of identity in order to open a bank account.	Um ein Bankkonto zu eröffnen, müssen Sie sich ausweisen können.
close an account [kləʊz ən ə'kaʊnt]	ein Konto schließen
block an account [blɒk ən ə'kaʊnt]	ein Konto sperren
pay in [peɪ 'ɪn]	(Geld) einzahlen
make a deposit [meɪk ə dɪ'pɒzɪt]	Geld einzahlen
fixed deposit [fɪkst dɪ'pɒzɪt]	Festgeld
interest ['ɪntrest]	Zins(en), Anteil, Beteiligung

interest rate [ˈɪntrest reɪt] — Zinssatz

earn interest [ɜːn ˈɪntrest] — Zins bringen
  The savings account earns 1% interest annually. — Das Sparkonto bringt jährlich 1 % Zinsen.

pay interest on [peɪ ˈɪntrest ɒn] — verzinsen

accrual of interest [əˈkruːəl əv ˈɪntrest] — Zinsthesaurierung

compound interest [ˈkɒmpaʊnd ˈɪntrəst] — Zinseszins

key rate [ˈkiː reɪt] — Leitzins

credit an account [ˈkredɪt ən əˈkaʊnt] — einem Konto gutschreiben

withdrawal [wɪθˈdrɔːəl] — Entnahme, Abhebung

make a withdrawal [meɪk ə wɪθˈdrɔːəl] — Geld abheben

overdraft [ˈəʊvədrɑːft] — Kontoüberziehung
  What is my overdraft limit? — Was ist meine Überziehungsgrenze?

bank overdraft [bæŋk ˈəʊvədrɑːft] — Überziehungskredit

overdraw an account [əʊvəˈdrɔː ən əˈkaʊnt] — ein Konto überziehen

transfer [trænsˈfɜː] — überweisen

bank transfer [bæŋk ˈtrænsfɜː] — Banküberweisung
  Please pay via bank transfer. — Bitte zahlen Sie per Banküberweisung.

statement of account [ˈsteɪtmənt ʌv əˈkaʊnt] — Kontoauszug

bank statement [bæŋk ˈsteɪtmənt] — Kontoauszug

bank charges pl [bæŋk ˈtʃɑːdʒɪz] — Kontogebühren, Bankgebühren

balance [ˈbæləns] — Saldo, Restbetrag, Differenz

account details pl [əˈkaʊnt ˈdiːteɪlz] — Bankverbindung, Kontodaten

account number [əˈkaʊnt ˈnʌmbə] — Kontonummer

sort code [ˈsɔːt kəʊd] — Bankleitzahl

cheque BE, **check** AE [tʃek] — Scheck

payee [peɪˈiː] — Zahlungsempfänger(in)

credit card [ˈkredɪt kɑːd] — Kreditkarte
debit [ˈdebɪt] — Soll, Belastung, Lastschrift
debit card [ˈdebɪt kɑːd] — Bankkarte
  I pay for expensive items with my debit card. — Ich bezahle teure Artikel mit meiner Bankkarte.
direct debit [daɪˈrekt ˈdebɪt] — Einzugsermächtigung
cash card [ˈkæʃ kɑːd] — EC-Karte
cashpoint [ˈkæʃpɔɪnt] — Geldautomat
  Is there a cashpoint nearby? — Gibt es hier in der Nähe einen Geldautomaten?

standing order [ˈstændɪŋ ˈɔːdə] — Dauerauftrag

2. Investitionen und Finanzierung

investment [ɪnˈvestmənt] — Investition, Geldanlage
invest in [ɪnˈvest ɪn] — investieren in
investor [ɪnˈvestə] — Kapitalanleger(in), Investor(in)
finance [ˈfaɪnæns] — Finanz, Finanzwesen, finanzieren
  A loan was used to finance the deal. — Ein Darlehen wurde verwendet, um den Handel zu finanzieren.
finances pl [ˈfaɪnænsəz] — Finanzen, Finanzmittel
financial assets pl [faɪˈnænʃəl ˈæsets] — Geldvermögen
fund [fʌnd] — Fonds, finanzieren
  We require new investment to fund our restructuring. — Wir benötigen neue Investitionen, um unsere Umgestaltung zu finanzieren.
funding [ˈfʌndɪŋ] — Finanzierung
funds pl [fʌndz] — Mittel, Gelder
be short of funds [bɪ ʃɔːt əv ˈfʌndz] — knapp bei Kasse sein
capital [ˈkæpɪtəl] — Kapital, Vermögen
capital account [ˈkæpɪtəl əˈkaʊnt] — Vermögensrechnung
capital gains pl [ˈkæpɪtəl geɪnz] — Veräußerungsgewinne
opening capital [ˈəʊpənɪŋ ˈkæpɪtəl] — Anfangskapital, Startkapital

corporate net worth — Eigenkapital
['kɔːpərət net wɜːθ]
liquidity [lɪ'kwɪdɪtɪ] — Liquidität
grant [grɑːnt] — Subvention, Beihilfe, gewähren
gain [geɪn] — Zunahme, Zuwachs, Gewinn, hinzu-
gewinnen
return [rɪ'tɜːn] — Rückgabe, Ertrag
rate of return [reɪt əv rɪ'tɜːn] — Rendite
return on investment (ROI) — Kapitalrendite
[rɪ'tɜːn ɒn ɪn'vestmənt]
yield [jiːld] — Ertrag, Rendite, hervorbringen, abwerfen
This investment offers a high yield. — Diese Investition bietet eine hohe Rendite.
average yield ['ævərɪdz jiːld] — Durchschnittsertrag
yield curve ['jiːld kɜːv] — Renditekurve
venture ['ventʃə] — Projekt, Wagnis
venture capital ['ventʃə 'kæpɪtəl] — Venture-Kapital, Risikokapital
assets pl ['æsets] — Aktivvermögen, Aktiva
liabilities pl [laɪə'bɪlɪtiːz] — Verbindlichkeiten, Passiva
assets and liabilities pl — Aktiva und Passiva, Vermögenswerte
['æsets ənd laɪə'bɪlɪtiːz]
solvency ['sɒlvənsɪ] — Zahlungsfähigkeit
solvent ['sɒlvənt] — zahlungsfähig, solvent
insolvency [ɪn'sɒlvənsɪ] — Zahlungsunfähigkeit
insolvent [ɪn'sɒlvənt] — zahlungsunfähig
become insolvent — zahlungsunfähig werden
[bɪ'kʌm ɪn'sɒlvənt]

3. Darlehen

loan [ləʊn] — Darlehen, Anleihe, verleihen
personal loan ['pɜːsənl ləʊn] — Privatkredit, persönliches Darlehen
He took out a personal loan to — Er hat einen Privatkredit aufgenommen,
buy a car. — um ein Auto zu kaufen.
building loan ['bɪldɪŋ ləʊn] — Baukredit
apply for a loan — ein Darlehen beantragen
[ə'plaɪ fər ə ləʊn]

take out [teɪk ˈaʊt]   (einen Vertrag) abschließen
pay off [peɪ ˈɒf]   (sich) auszahlen, abbezahlen
repay [riːˈpeɪ]   abzahlen, erstatten
   You are requested to repay the   Sie müssen das Darlehen innerhalb von
   loan within one month.   einem Monat abzahlen.
repayment [riːˈpeɪmənt]   Rückzahlung, Abzahlung
credit [ˈkredɪt]   Kredit
overdraft credit   Überziehungskredit
[ˈəʊvədrɑːft ˈkredɪt]
unsecured credit   Blankokredit
[ʌnsəˈkjʊəd ˈkredɪt]
credit balance [ˈkredɪt ˈbæləns]   Guthaben, Aktivsaldo
creditor [ˈkredɪtə]   Gläubiger(in)
lender [ˈlendə]   Darlehensgeber(in)
borrower [ˈbɒrəʊə]   Kreditnehmer(in)
   Borrowers will be hit hard by   Kreditnehmer werden durch Zinssatz-
   interest rate rises.   erhöhungen schwer betroffen.

 To lend wird oft mit *to borrow* verwechselt. Wenn man jemandem etwas leiht (z.B. Geld), verwendet man *to lend*.
He lent me £100.   Er lieh mir £100.
Wird etwas (aus)geliehen oder (aus)geborgt, verwendet man *to borrow*.
I borrowed money from the bank.   Ich habe Geld von der Bank geliehen.

borrowing limit   Kreditlimit
[ˈbɒrəʊɪŋ ˈlɪmɪt]
guarantee [gærənˈtiː]   Bürgschaft, Sicherheit, garantieren,
   gewährleisten, bürgen für
guarantee of a bill   Aval, Bürgschaft
[gærənˈtiː əv ə bɪl]
security [sɪˈkjʊərətɪ]   Bürgschaft, Kaution
rating [ˈreɪtɪŋ]   Einschätzung, Beurteilung der Bonität
credit rating [ˈkredɪt ˈreɪtɪŋ]   Kreditwürdigkeit
mortgage [ˈmɔːgɪdʒ]   Hypothek
take out a mortgage   eine Hypothek aufnehmen
[teɪk aʊt ə ˈmɔːgɪdʒ]
indebtedness [ɪnˈdetɪdnɪs]   Schuldenlast, Verschuldung

4. Währungen und Wechselkurse

currency [ˈkʌrənsɪ] Währung
  In what currency should I pay   In welcher Währung soll ich Sie
  you?   bezahlen?
unified currency Einheitswährung
[ˈjuːnɪfaɪd ˈkʌrənsɪ]
hard currency [hɑːd ˈkʌrənsɪ] harte Währung
soft currency [sɒft ˈkʌrənsɪ] weiche Währung
gold currency [gəʊld ˈkʌrənsɪ] Goldwährung
key currency [kiː ˈkʌrensɪ] Leitwährung
foreign currency account Devisenkonto
[ˈfɒrən ˈkʌrənsɪ əˈkaʊnt]
coin [kɔɪn] Münze

 Man nennt Münzen in Großbritannien *penny/pence* (z.B. *a ten-pence coin*). In den USA ist ein Dollar in *cents* unterteilt. Ein Pfund nennt man in der Umgangssprache *quid* (BE) und einen Dollar *buck* (AE).

banknote [ˈbæŋknəʊt] Schein
change [tʃeɪndʒ] Wechselgeld
cash [kæʃ] Bargeld
exchange [ɪksˈtʃeɪndʒ] Tausch, Devisen, tauschen, wechseln
rate of exchange Wechselkurs
[reɪt əv ɪksˈtʃeɪndʒ]
  Exporters benefit from a low   Exporteure profitieren von einem
  exchange rate.   niedrigen Wechselkurs.
foreign exchange Devisen
[ˈfɒrən ɪksˈtʃeɪndʒ]
  Foreign exchange reserves can   Devisenreserven können dazu ver-
  be used to stabilize a currency.   wendet werden, eine Währung zu
   stabilisieren.
exchange dealings *pl* Devisenhandel
[ɪksˈtʃeɪndʒ ˈdiːlɪŋz]
floating exchange rate Wechselkursfreigabe
[ˈfləʊtɪŋ ɪksˈtʃeɪndʒ reɪt]

fluctuation [flʌktjʊˈeɪʃən]	Schwankung, Fluktuation
revaluation [riːvæljʊˈeɪʃən]	Aufwertung, Neubewertung
rate [reɪt]	Satz, Tarif, Kurs
regulate [ˈreɡjʊleɪt]	regulieren, regeln

5. Steuern

tax [tæks], **taxes** [ˈtæksɪz] *pl*	Steuer, Abgabe, besteuern
taxable [ˈtæksəbl]	steuerpflichtig
income tax [ˈɪnkʌm tæks]	Einkommenssteuer
turnover tax [ˈtɜːnəʊvə tæks]	Umsatzsteuer
value added tax (VAT) *BE*	Mehrwertsteuer (MwSt.)
[ˈvælju: ˈædɪd tæks],	
sales tax *AE* [seɪlz tæks]	
How much do we have to pay	Wie viel Mehrwertsteuer müssen wir
in VAT/sales tax?	bezahlen?
capital gains tax (CGT)	Kapitalertragsteuer
[ˈkæpɪtəl ɡeɪnz tæks]	
inheritance tax	Erbschaftssteuer
[ɪnˈherɪtəns tæks]	
corporation tax	Körperschaftsteuer
[kɔːpəˈreɪʃən tæks]	
pre-tax [ˈpriːtæks]	brutto, vor Abzug der Steuern
Pre-tax earnings rose ten per cent	Das Vorsteuerergebnis hat sich letztes
last year.	Jahr um zehn Prozent erhöht.
zero-rated [zɪərəʊˈreɪtɪd]	mehrwertsteuerfrei
percentage [pəˈsentɪdʒ]	Prozentsatz
levy [ˈlevɪ]	Steuer, Abgaben
taxation [tækˈseɪʃən]	Besteuerung
tax adviser [tæks ədˈvaɪzə]	Steuerberater(in)
tax exemption	Steuerbefreiung
[tæks ɪɡˈzempʃən]	
tax evasion [tæks ɪˈveɪʒən]	Steuerhinterziehung
tax return [tæks rɪˈtɜːn]	Steuererklärung
file a tax return	eine Steuererklärung abgeben
[faɪl ə tæks rɪˈtɜːn]	

6. Börse

stocks *pl* [stɒks]	Aktienkapital
stock exchange [stɒk ɪksˈtʃeɪndʒ]	Börse
stock market [stɒk ˈmɑːkɪt]	Börse
stock market crash	Börsensturz, Börsencrash
[stɒk ˈmɑːkɪt kræʃ]	

 Die wichtigsten internationalen Börsenindizes sind:

Dow Jones Average (the Dow)	New York
NASDAQ	New York
FTSE [ˈfʊtsɪ]	London
Hang Seng	Hong Kong
Nikkei	Tokyo
DAX	Frankfurt/Main

In London nennt man das Finanzzentrum *The City* oder *The Square Mile,* in New York spricht man von der *Wall Street.*

stockbroker [ˈstɒkbrəʊkə]	Börsenmakler(in)
stockholder [ˈstɒkhəʊldə]	Aktionär(in)
share [ʃeə]	Anteil, Aktie
share capital [ʃeə ˈkæpɪtəl]	Aktienkapital
share price [ˈʃeə praɪs]	Aktienkurs
shareholder [ˈʃeəhəʊldə]	Aktionär(in), Anteilseigner(in)
investment fund	Investmentfonds
[ɪnˈvestmənt fʌnd]	
investment banking	Emissionsgeschäft, Investmentbanking
[ɪnˈvestmənt ˈbæŋkɪŋ]	
financial crisis [faɪˈnænʃl ˈkraɪsɪz]	Finanzkrise
dividend [ˈdɪvɪdənd]	Dividende
securities *pl* [sɪˈkjʊərətiːz]	Effekten, Wertpapiere
bond [bɒnd]	Obligation, Anleihe, Rentenpapier
Bonds are usually considered to be a safe investment.	Festverzinsliche Wertpapiere gelten üblicherweise als eine sichere Investition.
bond market [bɒnd ˈmɑːkɪt]	Rentenmarkt
bondholder [ˈbɒndhəʊldə]	Anleiheinhaber(in)

irredeemable bond [ɪrɪˈdiːməbl bɒnd]	Dauerschuldverschreibung
mortgage bond [ˈmɔːgɪdʒ bɒnd]	(Hypotheken-)Pfandbrief
junk bond [ˈdʒʌŋk bɒnd]	Risikoanleihe
pension fund [ˈpenʃən fʌnd]	Rentenfonds
government loan [ˈgʌvənmənt ləʊn]	Staatsanleihe
blue chips *pl* [ˈbluː tʃɪps]	erstklassige Aktien

 Mit *blue chips* meint man erstklassige Aktien von hochrenommierten Firmen, die als eine sichere Investition gelten. Solche Firmen werden z.B. beim FTSE Top 100 notiert.

futures *pl* [ˈfjuːtʃəz]	Termingeschäfte
futures market [ˈfjuːtʃəz ˈmɑːkɪt]	Terminbörse
buying price [ˈbaɪɪŋ praɪs]	Einkaufspreis
selling price [ˈselɪŋ praɪs]	Verkaufspreis
forward price [ˈfɔːwəd praɪs]	Terminkurs
closing price [ˈkləʊzɪŋ praɪs]	Schlusskurs
Today's closing price was down on yesterday's.	Der Schlusskurs von heute lag unter dem gestrigen.
option [ˈɒpʃən]	Option, Vorkaufsrecht
speculate [ˈspekjuleɪt]	spekulieren
depreciation [dɪpriːʃɪˈeɪʃən]	Wertminderung, Abschreibung
broker [ˈbrəʊkə]	Broker(in), Makler(in)
brokerage [ˈbrəʊkərɪdʒ]	Maklergebühr, Courtage
bearish [ˈbeərɪʃ]	zur Baisse tendierend, flau
The outlook for the stock market is bearish.	Die Börsenaussichten sind flau.
bull market [bʊl ˈmɑːkɪt]	Hausse
listing [ˈlɪstɪŋ]	Auflistung, Börsennotierung
market index [ˈmɑːkɪt ɪndeks]	Marktindex
market rate [ˈmɑːkɪt reɪt]	Marktkurs, Tageskurs
gain [geɪn]	Gewinn, Zuwachs, gewinnen, erwerben
insider trading [ˈɪnsaɪdə ˈtreɪdɪŋ]	Insiderhandel

1. Bilanz

budget ['bʌdʒɪt]　　　　　　Etat, Budget
balance ['bæləns]　　　　　　Bilanz, bilanzieren
balance sheet ['bæləns ʃiːt]　Bilanz, Handelsbilanz

 Ein *balance sheet* zeigt alle Einzahlungen und Auszahlungen einer Firma und die Differenz zwischen beiden Summen. Die Firma kann diese Bilanz bei Kreditanträgen der Bank vorlegen.

balance an account　　　　　ein Konto ausgleichen
['bæləns ən ə'kaʊnt]
spreadsheet ['spredʃiːt]　　　Tabellenkalkulation
tabulate ['tæbjʊleɪt]　　　　tabellarisch darstellen
　Can you tabulate these figures,　　Können Sie bitte diese Zahlen
　please?　　　　　　　　　　tabellarisieren?
balance sheet account　　　　Bilanzkonto
['bæləns ʃiːt ə'kaʊnt]
balance sheet analysis　　　　Bilanzanalyse
['bæləns ʃiːt ə'næləsɪs]
healthy balance sheet　　　　eine gesunde Bilanz
['helθɪ 'bæləns ʃiːt]
　The firm presented a healthy　　Die Firma stellte bei der Jahres-
　balance sheet at the annual　　　hauptversammlung eine gesunde
　general meeting.　　　　　　Bilanz vor.
monthly balance sheet　　　　monatliche Bilanz
['mʌnθlɪ 'bæləns ʃiːt]
consolidated balance sheet　　konsolidierte Bilanz, Konzernbilanz
[kən'sɒlɪdeɪtəd 'bæləns ʃiːt]
interim ['ɪntərɪm]　　　　　vorläufig, Interims…, Zwischenzeit
interim balance sheet　　　　Zwischenbilanz
['ɪntərɪm 'bæləns ʃiːt]
credit balance　　　　　　　Habensaldo
['kredɪt 'bæləns]
debit balance ['debɪt 'bæləns]　Sollsaldo
　The customer's account shows a　　Das Kundenkonto zeigt einen Sollsaldo
　debit balance of €5000.　　　　von € 5000.

opening balance sheet ['əupənɪŋ 'bæləns ʃiːt]	Eröffnungsbilanz
financial accounting [faɪˈnænʃəl əˈkauntɪŋ]	Finanzbuchhaltung
financial statement [faɪˈnænʃəl ˈsteɪtmənt]	Bilanz
financial year [faɪˈnænʃəl jɪə]	Geschäftsjahr, Rechnungsjahr

2. Buchhaltung

bookkeeping [ˈbʊkkiːpɪŋ]	Buchführung, Buchhaltung
A sole trader has to do all his own bookkeeping.	Ein Alleininhaber muss die Buchführung eigenständig führen.
bookkeeper [ˈbʊkkiːpə]	Buchhalter(in)
book [bʊk]	buchen
Has this already been booked?	Wurde dies schon gebucht?
accounting [əˈkauntɪŋ]	Buchführung, Buchhaltung
accounting period [əˈkauntɪŋ ˈpɪərɪəd]	Bilanzzeitraum
accounting records pl [əˈkauntɪŋ ˈrekɔːds]	Geschäftsbücher, Bilanzunterlagen
accounts pl [əˈkaunts]	Geschäftsbücher, Konten, Rechnungen
We keep our accounts in good order.	Wir führen unsere Geschäftsbücher ordnungsgemäß.
accounts payable pl [əˈkaunts ˈpeɪəbl]	Verbindlichkeiten
payable [ˈpeɪəbl]	zahlbar, fällig
accounts receivable pl [əˈkaunts rɪˈsiːvəbl]	Außenstände
annual accounts pl [ˈænjuəl əˈkaunts]	Jahresabschluss
accountancy [əˈkauntənsɪ]	Buchführung, Rechnungswesen
I study accountancy.	Ich studiere Rechnungswesen.
accountant [əˈkauntənt]	Bilanzbuchhalter(in)
cost accounting [kɒst əˈkauntɪŋ]	Kostenrechnung

keep the accounts — die Buchhaltung führen
[kiːp ðiː əˈkaʊnts]

double-entry bookkeeping — doppelte Buchführung
[ˈdʌblentrɪ ˈbʊkkiːpɪŋ]

audit [ˈɔːdɪt] — Buchprüfung, Revision, Bücher/Konten prüfen

Our accounts are being audited next week. — Nächste Woche werden unsere Geschäftsbücher geprüft.

auditor [ˈɔːdɪtə] — Wirtschaftsprüfer(in)

auditing [ˈɔːdɪtɪŋ] — Wirtschaftsprüfung

internal [ɪnˈtɜːnəl] — intern, Innen…

internal audit [ɪnˈtɜːnəl ˈɔːdɪt] — interne Revision

external [ɪksˈtɜːnəl] — extern, Außen…

value [ˈvæljuː] — Wert, schätzen, bewerten

valuation [væljuːˈeɪʃən] — Schätzung, Bewertung, Schätzwert

item [ˈaɪtəm] — Posten

entry [ˈentrɪ] — Buchung

break down [breɪk ˈdaʊn] — aufschlüsseln

calculate [ˈkælkjuleɪt] — berechnen, ausrechnen

check [tʃek] — prüfen, kontrollieren

cost [kɒst] — Kosten, Preis, etw. kosten

incur costs [ɪnˈkɜː kɒsts] — Kosten verursachen, entstehen

The machinery breakdown incurred unexpected costs. — Durch die Betriebsstörung wurden unerwartete Kosten verursacht.

fixed costs pl [ˈfɪkst kɒsts] — Fixkosten

> *Fixed costs* sind die allgemeinen Unkosten, die in einem Betrieb anfallen, wie z.B. *rent* (Miete), *heating* (Heizkosten), *electricity* (Strom).

labour costs pl [ˈleɪbə kɒsts] — Lohnkosten

Labour costs are an important factor. — Die Lohnkosten sind ein wichtiger Faktor.

production costs pl — Herstellungskosten
[prəˈdʌkʃən kɒsts]

additional [əˈdɪʃənəl] — zusätzlich

additional costs pl — Zusatzkosten
[əˈdɪʃənəl kɒsts]

We will cover any additional costs for transport of the goods.

Wir werden alle Zusatzkosten für den Warentransport übernehmen.

actual costs *pl* [ˈæktuəl kɒsts]
Istkosten

ancillary costs *pl*
[ænˈsɪlərɪ kɒsts]
Nebenkosten

budgeted costs *pl*
[ˈbʌdʒɪtəd kɒsts]
Sollkosten

operating costs *pl*
[ˈɒpəreɪtɪŋ kɒsts]
Betriebskosten

overhead costs *pl*
[ˈəʊvəhed kɒsts]
Betriebskosten

variable costs *pl*
[ˈveərɪəbl kɒsts]
variable Kosten

cost advantage
[kɒst ədˈvɑːntɪdʒ]
Kostenvorteil

cost centre [kɒst ˈsentə]
Kostenstelle

cost-effective [kɒst ɪˈfektɪv]
rentabel, kostengünstig

cover costs [ˈkʌvə kɒsts]
die Kosten decken

cost per unit [kɒst pɜː ˈjuːnɪt]
Stückkosten

cost analysis [kɒst əˈnæləsɪs]
Kostenanalyse

cost savings *pl* [kɒst ˈseɪvɪŋz]
Kostenersparnisse

cost price [kɒst praɪs]
Selbstkostenpreis

historical costing
[hɪˈstɒrɪkəl ˈkɒstɪŋ]
Nachkalkulation

marginal costing
[ˈmɑːdʒɪnl ˈkɒstɪŋ]
Grenzkostenrechnung

outlay [ˈaʊtleɪ]
Ausgaben, Kosten

The outlay for this project will be great.

Die Kosten dieses Projektes werden hoch sein.

spending [ˈspendɪŋ]
Ausgaben

expenditure [ɪkˈspendɪtʃə]
Ausgaben

expenses *pl* [ɪkˈspensɪz]
Ausgaben, Spesen

statement of expenses
[ˈsteɪtmənt əv ɪkˈspensəz]
Spesenabrechnung

incur [ɪnˈkɜː]
erleiden, machen

We have incurred a loss on our investments.

Wir haben bei unseren Investitionen einen Verlust erlitten.

incur expenses   Unkosten haben
[ɪnˈkɜː ɪkˈspensəz]

 Häufige Verwendungen von *incur* sind z.B.
   to incur debts   Schulden machen
   to incur losses   Verluste erleiden
   to incur risks   Risiken eingehen
   to incur charges   Gebühren zahlen müssen
Achtung: Verwechseln Sie *to incur* jedoch nicht mit *to occur* (sich ereignen, vorkommen):
   an error has occurred   ein Fehler ist aufgetreten

expense account   Spesenkonto
[ɪkˈspens əˈkaʊnt]
travel expenses *pl*   Reisekosten, Reisespesen
[ˈtrævl ɪkˈspensəz]
   You can reclaim your travelling   Sie können Ihre Reisekosten
   expenses.   zurückfordern.
accruals *pl* [əˈkruːəls]   Rückstellungen, Abgrenzungsposten
occur [əˈkɜː]   vorkommen, auftreten
lack [læk]   Mangel, Fehlen, mangeln, fehlen
allow [əˈlaʊ]   erlauben, gewähren
allowance [əˈlaʊəns]   Freibetrag, Spesen, Anerkennung
handling [ˈhændlɪŋ]   Bearbeitung, Handhabung

3. Rechnungen

invoice [ˈɪnvɔɪs]   Rechnung, in Rechnung stellen

 Eine Rechnung *(invoice)* weist nicht nur den Preis der Waren aus, sondern enthält auch wichtige Einzelheiten des Verkaufsvertrags, wie
   means of transport   Transportweg
   country of destination   Bestimmungsland
   country of origin   Ursprungsland
   forwarder   Spediteur
   terms of delivery and   Liefer- und Zahlungsbedingungen
   payment

invoicing ['ɪnvɔɪsɪŋ]　Rechnungsausstellung, Fakturierung

final invoice [faɪnəl 'ɪnvɔɪs]　Endrechnung

pro-forma invoice　Pro-forma-Rechnung
['prəʊfɔːmə 'ɪnvɔɪs]
　A pro-forma invoice can serve as　　Eine Pro-forma-Rechnung kann als
　a quotation for the goods.　　Preisangebot dienen.

invoice item ['ɪnvɔɪs 'aɪtəm]　Rechnungsposten

sum [sʌm]　Summe, Betrag

sum total [sʌm 'təʊtl]　Gesamtbetrag

amount [ə'maʊnt]　Betrag, Menge

invoice date ['ɪnvɔɪs deɪt]　Rechnungsdatum

invoice number ['ɪnvɔɪs 'nʌmbə]　Rechnungsnummer

invoice amount ['ɪnvɔɪs ə'maʊnt]　Rechnungsbetrag

check the invoice　eine Rechnung überprüfen
[tʃek ðiː 'ɪnvɔɪs]

invoice error ['ɪnvɔɪs 'erə]　Rechnungsfehler

pay an invoice [peɪ ən 'ɪnvɔɪs]　eine Rechnung begleichen

payment ['peɪmənt]　Zahlung

undercharge [ʌndə'tʃɑːdʒ]　zu wenig berechnen

overcharge [əʊvə'tʃɑːdʒ]　zu viel berechnen
　We were overcharged by €300.　　Uns wurden € 300 zu viel berechnet.

amend an invoice　eine Rechnung berichtigen
[ə'mend ən 'ɪnvɔɪs]

verify ['verɪfaɪ]　(nach)prüfen, belegen

verification [verɪfɪ'keɪʃən]　Überprüfung, Kontrolle, Nachweis

issue ['ɪʃuː]　ausgeben, veröffentlichen, ausstellen
　The board issued its strategic　　Heute hat der Vorstand seinen
　report today.　　strategischen Bericht veröffentlicht.

issue an invoice ['ɪʃuː ən 'ɪnvɔɪs]　eine Rechnung erstellen

date of issue [deɪt əv 'ɪʃuː]　Ausstellungsdatum, Ausgabetag

bill [bɪl]　Rechnung, in Rechnung stellen

remittance advice　Überweisungsbescheid
[rɪ'mɪtns 'ədvaɪs]

unpaid [ʌn'peɪd]　unbezahlt

outstanding [aʊt'stændɪŋ]　ausstehend, unbezahlt

outstanding debts pl　Außenstände
[aʊt'stændɪŋ dets]

owe [əʊ]
schulden

We still owe the bank one hundred pounds.
Wir schulden der Bank noch hundert Pfund.

receipt [rɪˈsiːt]
Quittung, Beleg

4. Umsatz

turnover [ˈtɜːnəʊvə]
Umsatz, Fluktuation

Our turnover increased threefold last year.
Unser Umsatz hat sich letztes Jahr verdreifacht.

make a turnover
Umsatz machen
[meɪk ə ˈtɜːnəʊvə]

annual turnover
Jahresumsatz
[ˈænjuəl ˈtɜːnəʊvə]

turnover forecast
Umsatzprognose
[ˈtɜːnəʊvə ˈfɔːkɑːst]

turnover increase
Umsatzanstieg
[ˈtɜːnəʊvə ˈɪŋkriːs]

The turnover increase has been achieved by streamlining production and through cost-cutting.
Der Umsatzanstieg wurde durch eine Rationalisierung der Produktion und durch Kostenersparnisse erreicht.

increase in turnover
Umsatzanstieg
[ˈɪŋkriːs ɪn ˈtɜːnəʊvə]

surplus [ˈsɜːplʌs]
Überschuss, überschüssig

decrease in turnover
Umsatzrückgang
[ˈdɪkriːs ɪn ˈtɜːnəʊvə]

annual surplus [ˈænjuəl ˈsɜːplʌs]
Jahresüberschuss

The annual surplus will be invested in capital goods.
Der Jahresüberschuss wird in Investitionsgüter investiert.

deficit [ˈdefɪsɪt]
Defizit

acquire [əˈkwaɪə]
erwerben, erlangen

acquisition [ækwɪˈzɪʃən]
Erwerb, Ankauf

excess [ɪkˈses]
Überschuss

year-on-year [jɪɒnˈjɪə]
im Jahresvergleich, gegenüber dem Vorjahr

year of assessment
Steuerjahr
[jɪə əv əˈsesmənt]

5. Gewinn und Verlust

profit [ˈprɒfɪt]	Gewinn, Profit, profitieren, Gewinn ziehen
We are hoping to profit from the increase in demand.	Wir hoffen, dass wir von der Nachfragesteigerung profitieren.
make a profit [meɪk ə ˈprɒfɪt]	Gewinn machen
profitable [ˈprɒfɪtəbl]	rentabel, gewinnbringend
remunerative [rɪˈmjuːnərətɪv]	einträglich, lukrativ
profitability [prɒfɪtəˈbɪlətɪ]	Rentabilität, Ertragskraft
net profit [net ˈprɒfɪt]	Nettogewinn
gross profit [grəʊs ˈprɒfɪt]	Bruttogewinn
pre-tax profit [ˈpriːtæks ˈprɒfɪt]	Gewinn vor Steuern
after-tax profit	Gewinn nach Steuern
profit margin [ˈprɒfɪt ˈmɑːdʒɪn]	Gewinnspanne
Our profit margins are healthy.	Unsere Gewinnspannen sind gut.
margin [ˈmɑːdʒɪn]	Spanne, Marge, Grenze
We enjoy high margins thanks to efficient operating processes.	Wir haben große Margen dank effizienter Betriebsprozesse.
margin of error [mɑːdʒɪn əv ˈerə]	Fehlerspielraum
revenue [ˈrevənjuː]	Ertrag, Einkommen
marginal renevue [ˈmɑːdʒɪnl ˈrevənjuː]	Grenzertrag
marginal value [ˈmɑːdʒɪnl ˈvæljuː]	Marginalwert
operating margin [ˈɒpəreɪtɪŋ ˈmɑːdʒɪn]	Handelsspanne, Gewinnspanne
income [ˈɪnkʌm]	Einkünfte, Einkommen
proceeds pl [ˈprəʊsiːdz]	Erlös, Ertrag
All proceeds from the event will go to charity.	Der komplette Erlös der Veranstaltung wird Wohltätigkeitsorganisationen gespendet.
earnings pl [ˈɜːnɪŋz]	Einkommen
receipts pl [rɪˈsiːts]	Einnahmen
gross receipts pl [grəʊs rɪˈsiːts]	Bruttoeinnahmen
yield [jiːld]	Ertrag
equity [ˈekwɪtɪ]	Eigenkapital
retain [rɪˈteɪn]	behalten, beibehalten

loss [lɒs]	Damnum, Verlust
lose [luːz]	verlieren
make a loss [meɪk ə ˈlɒs]	Verlust machen
severe losses *pl* [sɪˈvɪə ˈlɒsəs]	starke Verluste
profit and loss [ˈprɒfɪt ənd lɒs]	Gewinn und Verlust
profit and loss account [ˈprɒfɪt ənd lɒs əˈkaʊnt]	Ertragsrechnung
The profit and loss account shows a trading profit of $1.5 million.	Die Ertragsrechnung weist einen Geschäftsgewinn von 1,5 Mio. $ aus.
ratio [ˈreɪʃɪəʊ]	Verhältnis, Quote
exceed [ɪkˈsiːd]	übertreffen
evaluate [ɪˈvæljʊeɪt]	(ab)schätzen, bewerten
The costs and benefits must be evaluated.	Kosten und Nutzen müssen abgeschätzt werden.
profit mark-up [ˈprɒfɪt ˈmɑːkʌp]	Gewinnaufschlag
write off [raɪt ˈɒf]	vollständig abschreiben
We have written off a large amount of debt.	Wir haben viele Schulden abgeschrieben.
write-off [ˈraɪtɒf]	vollständige Abschreibung
special write-off [ˈspeʃl ˈraɪtɒf]	Sonderabschreibung
set-off [ˈsetɒf]	Aufrechnung
lossmaker [ˈlɒsmeɪkə]	Verlustgeschäft

 Lossmaker (Verlustgeschäft) darf nicht mit *loss leader* verwechselt werden. *Loss leader* (Lockvogelangebot) nennt man ein Produkt, das zu einem Schnäppchenpreis verkauft wird, um die Kunden ins Geschäft zu locken.

recoverable [rɪˈkʌvərəbl]	ersetzbar (Verluste), eintreibbar (Schulden)

 Außer den regulären *public holidays* (Feiertage) wie *Christmas*, *New Year* und *Easter*, gibt es auch in Großbritannien sogenannte *Bank Holidays* (öffentliche Feiertage): *May Day Bank Holiday* am 1. Mai, *Spring Bank Holiday* Ende Mai und *Summer Bank Holiday* im August.

weight [weɪt]	Gewicht
ton [tʌn]	Tonne
kilogram(me) [ˈkɪləʊgræm]	Kilogramm
pound [paʊnd]	Pfund
gram(me) [græm]	Gramm
meter [ˈmiːtə]	Maß, Zähler
litre [ˈliːtə]	Liter
pint [paɪnt]	Pint
gallon [ˈgælən]	Gallone
kilometre [ˈkɪləʊmiːtə]	Kilometer
metre *BE*, **meter** *AE* [ˈmiːtə]	Meter
centimetre [ˈsentɪmiːtə]	Zentimeter
millimetre [ˈmɪlɪmiːtə]	Millimeter

i Wenn es sich um das Längenmaß Meter handelt, schreibt man im britischen Englisch *metre* und im amerikanischen Englisch *meter*. Wenn es sich aber um einen Zähler (z.B. Gas- oder Wasserzähler, Parkuhr) handelt, schreibt man immer *meter*. Übrigens: Eine Politesse ist *a meter maid*.

mile [maɪl]	Meile
yard [jɑːd]	Yard
inch [ɪntʃ]	Zoll
foot [fʊt]	Fuß

i Obwohl in Großbritannien seit 1996 auch das metrische System gilt, wird nach wie vor das auch in Amerika gebräuchliche imperiale Maßsystem verwendet. Und die Flüsigkeitsmaße unterscheiden sich zudem zwischen den USA und dem Vereinigten Königreich.
So rechnet man um:

1 Meile	= 1,61 km	1 Fuß	= 30,48 cm
1 Yard	= 0,91 m	1 Zoll	= 2,54 cm
1 Pint (UK)	= 0,57 l	1 Pint (US)	= 0,47 l

Die Körpergröße wird in England und den USA in *foot* und *inch* gemessen.
John is 6 foot 1.   John ist 1,85 m groß.

	Deutsch	Britisch	Amerikanisch
A	Anton	Alfred	Abel
B	Berta	Benjamin	Baker
C	Cäsar	Charles	Charlie
D	Dora	David	Dog
E	Emil	Edward	Easy
F	Friedrich	Frederick	Fox
G	Gustav	George	George
H	Heinrich	Harry	How
I	Ida	Isaac	Item
J	Julius	Jack	Jig
K	Kaufmann	King	King
L	Ludwig	London	Live
M	Martha	Mary	Mike
N	Nordpol	Nelly	Nan
O	Otto	Oliver	Oboe
P	Paula	Peter	Peter
Q	Quelle	Queen	Queen
R	Richard	Robert	Roger
S	Siegfried	Samuel	Sugar
T	Theodor	Tommy	Tare
U	Ulrich	Uncle	Uncle
V	Viktor	Victor	Victor
W	Wilhelm	William	William
X	Xanthippe	X-Ray	X
Y	Ypsilon	Yello	Yoke
Z	Zeppelin	Zebra	Zebra
Ä	Ärger		
CH	Charlotte		
Ö	Ökonom		
SCH	Schule		
Ü	Übermut		

Chairman and Managing Director
Aufsichtsratsvorsitzende(r)/Vorstandsvorsitzende(r)

Marketing Director
Direktor(in) der Marketingabteilung

Sales Manager
Vertriebsleiter(in)

Customer Services Manager
Leiter(in) der Kundendienstabteilung

Personnel Director
Leiter(in) der Personalabteilung

Office Manager
Geschäftsstellenleiter(in)

Company Secretary
Geschäftsführer(in)

Chief Accountant
Leiter(in) der Buchhaltung

Technical Director
Technische(r) Direktor(in)

R&D Manager
Leiter(in) Forschung und Entwicklung

Production Director
Fertigungsleiter(in)

Factory Manager
Werksleiter(in)

Die deutschen Übersetzungen sind nur ungefähre Entsprechungen und können je nach Unternehmen variieren.

Rechtsformen

Deutschland	UK	USA
Aktiengesellschaft (AG)	joint-stock company, public limited company (plc)	(stock) corporation, public corporation (Inc.)
eingetragene Gesellschaft	registered company	incorporated company (Inc.)
eingetragene Genossenschaft (eG)	(registered) cooperative	(incorporated) cooperative
Einzelunternehmen	sole proprietor(ship), sole trader	sole proprietor(ship)
gemeinnützige Gesellschaft	non-profit organization	non-profit organization
Gesellschaft bürgerlichen Rechts (GbR)	civil-law company	civil-law company
Gesellschaft mit beschränkter Haftung (GmbH)	private limited company (Ltd., Limited)	close(d) corporation, limited liability company (LLC)
Kapitalgesellschaft	joint-stock company	corporation (Inc., incorporated)
Kommanditgesellschaft (KG)	limited partnership	limited (liability) partnership (LLP)
Kommanditgesellschaft auf Aktien (KGaA)	commercial partnership limited by shares	commercial partnership limited by shares
Offene Handelsgesellschaft (OHG)	general partnership	general partnership (GP)
öffentlich-rechtliche Gesellschaft	public-law corporation	public-law corporation
Personengesellschaft	partnership	partnership

Es gibt einige Wörter, die im Englischen und Deutschen ähnlich sind, aber eine ganz andere Bedeutung haben. Man nennt sie *false friends* (falsche Freunde). Auf einige wurde in den Infokästen schon hingewiesen.

Hier noch weitere Beispiele:

actually	≠	aktuell	**handy**	≠	Handy
actually	=	tatsächlich	**handy**	=	handlich
aktuell	=	**current**	Handy	=	**mobile (phone), cell phone**
become	≠	bekommen			
become	=	werden	**local**	≠	Lokal
bekommen	=	**get**	**local**	=	örtlich, lokal
			Lokal	=	**pub, bar**
branch	≠	Branche			
branch	=	Filiale, Zweigstelle	**map**	≠	Mappe
sector	=	**Branche**	**map**	=	Stadtplan, Karte
			Mappe	=	**folder**
chef	≠	Chef			
chef	=	Koch	**personal**	≠	Personal
Chef	=	**boss, leader**	**personal**	=	persönlich, privat
			Personal	=	**personnel**
eventually	≠	eventuell			
eventually	=	schließlich, endlich	**prospect**	≠	Prospekt
eventuell	=	**possible, perhaps**	**prospect**	=	Aussicht, Chance
			Prospekt	=	**brochure**, **leaflet**
fabric	≠	Fabrik			
fabric	=	Stoff, Textil	**rent**	≠	Rente
Fabrik	=	**factory, plant**	**rent**	=	Miete
			Rente	=	**pension**
familiar	≠	familiär			
familiar	=	bekannt, vertraut	**spend**	≠	spenden
familiär	=	**personal, informal**	**spend**	=	ausgeben, verbringen
			spenden	=	**donate**
formula	≠	Formular			
formula	=	Formel	**warehouse**	≠	Warenhaus
Formular	=	**form**	**warehouse**	=	Lager
			Warenhaus	=	**department store**

Englisch für den Beruf

Audio-CD mit Begleitbuch
ISBN 978-3-8174-7467-7

Fit für den Beruf

Einprägsame Dialoge zu typischen Gesprächssituationen und Arbeitsinhalten: Termine vereinbaren, Marketing, sich Geschäftspartnern vorstellen u.v.m.

Alle Texte mit deutscher Übersetzung im Begleitbuch

Mit Pausen zum Nachsprechen

Audio-CD mit Begleitbuch
ISBN 978-3-8174-8976-3

Spannendes Hörerlebnis und Sprachtraining

Im Central Park wird die Vorsitzende eines führenden Investmentunternehmens ermordet. Madeline Mathews war eine Größe an der Wall Street. Hängt der Mord etwa mit ihrer Bank zusammen?

Lernkrimi Hörbuch inklusive vollständigem Text, Übungen und Vokabelangaben im Begleitbuch

Weitere Lernkrimis Business English:

Murder at the Office
ISBN 978-3-8174-7747-0